DR. MED. SIGRID STEEB

VEGAN. GESUND.

Alles über vegane Ernährung

Mit vielen neuen Rezepten

Für Veganer und alle, die es werden wollen

humb**o**ldt

GELEITWORT

Liebe Leserin, lieber Leser,

ich freue mich sehr, Sie mit ein paar Sätzen zu Beginn dieses Buches in der stetig wachsenden Gemeinde der „immer öfter mal" oder auch schon ganz vegan lebenden und kochenden Menschen begrüßen zu können.

Erinnern Sie sich noch? Noch vor wenigen Jahren galt der vegane Lebensstil weitgehend als eine skurrile Randerscheinung der Gesellschaft, dogmatisch, wirklichkeitsfremd, eher anstrengend, humor- und freudlos und überhaupt – aus der Perspektive der meisten Menschen – nur für wenige Spezialisten leb- (und koch-) bar.

Das hat sich komplett geändert, der vegane Lebensstil ist auf der Überholspur. Wie konnte das passieren? In erster Linie ist das ganz sicher den Menschen zu danken, die unter schwierigen Rahmenbedingungen die Idee einer Lebens- und Kochpraxis ohne die Inanspruchnahme von Tieren am Leben gehalten und vegane Praxis ausprobiert und eingeübt haben. Ohne solch eine Basis kann eine Gesellschaft den nächsten Schritt nicht gehen, denn gesellschaftliche Entwicklungen erfolgen ja eher selten aus dem Nichts heraus.

In einem ersten Schritt gewann der vegetarische Lebensstil nach und nach an Akzeptanz in der breiteren Gesellschaft. Mal vegetarisch Essen gehen, das konnte man sich schon vorstellen – wenn auch zuerst nur in bestimmten Milieus. Aber „vegan", das ging dann doch zu weit. Und wie sollte das überhaupt gehen?

Es gibt ganz bestimmt nicht nur den einen Türöffner für den fast unaufhaltsam anmutenden Weg des veganen Essens in die

Mitte der Gesellschaft. Entscheidend war jedoch sicher – neben der zunehmend besseren Verfügbarkeit und Qualität veganer Lebensmittel – der Imagewandel des veganen Lebensstils hin zu „modern, gesund, sportlich, attraktiv, angesagt und zukunftsfähig". Gleichzeitig bekannten sich immer mehr prominente Menschen zu ihrer veganen Lebensweise, die Zahl der veganen Kochbücher wuchs und wächst rasant und die Zahl der vegetarisch-veganen Magazine, Webseiten, etc. ebenso.

Geht das jetzt immer so weiter? Ja, wenn auch Sie mit dabei sind, einer Ernährungsweise Lebewohl zu sagen, die gesundheitlich, ökologisch, ökonomisch und für die betroffenen Tiere massive negative Folgen hat, einer Lebensweise, die einem guten Leben in einer zukunftsfähigen Gesellschaft im Wege steht.

Sie haben ja einen sehr guten Schritt schon gemacht, Sie halten das Buch "Vegan. Gesund" von Dr. med. Sigrid Steeb in den Händen. Es vermittelt Ihnen viel theoretisches und praktisches Wissen und wird Ihnen mit leckeren und an der Vollwertkost orientierten Rezepten den Einstieg in eine vegane Ernährung sehr erleichtern. Auch medizinisch-gesundheitliche Aspekte, wie die Sicherung einer ausreichenden Vitamin-B_{12}-Zufuhr, werden angesprochen.

Also, dann kann es ja losgehen! Mit einer veganen Lebensweise leisten Sie einen wichtigen Beitrag dazu, dass die vegane „Überholspur" noch lange anhält und unsere Gesellschaft die Kurve hin zu einer Ernährungsweise bekommt, die uns allen und den Tieren sehr guttun wird.

Viel Freude mit diesem Buch wünscht Ihnen

Thomas Schönberger
Vorsitzender des Vegetarierbund Deutschland e. V. (VEBU)

DIE THEORIE – GUTE GRÜNDE FÜR EINE VEGANE KOST

Vegan leben heißt bewusst leben. Sie haben sich entschieden, der veganen Ernährung eine Chance zu geben und sie auszuprobieren, oder Sie sind bereits Veganer. Der Verzicht auf Fleisch, Eier und Milchprodukte tut nicht nur den Tieren und der Umwelt, sondern auch Ihrer Gesundheit gut. Dieses Kapitel zeigt die positiven Effekte, die eine vegane Kost auf Ihren Körper hat. Und es liefert alle nötigen Informationen, worauf es bei der Umsetzung besonders zu achten gilt. Sie werden sehen, der Umstieg erfordert vom Einzelnen nur ein wenig Umdenken – aber nützt allen Bewohnern unserer schönen Erde.

Vegan – mehr als ein Trend

!

Immer mehr Menschen wollen nachhaltig leben.

Unzweifelhaft gibt es einen neuen Trend: Gemüse ist in und Fleisch ist out. Immer mehr Menschen wollen gesund, nachhaltig und moralisch einwandfrei leben. Die junge Generation fühlt sich nicht mehr an überholte Lebensweisen gebunden und bewertet selbst. Sie ist offener für Themen wie Tier- und Umweltschutz und stellt ihren eigenen Lebensplan auf. Dazu gehört auch eine bewusste Lebensmittelauswahl. Die wenigsten gehören jedoch zu den Schnellentschlossenen, sondern ziehen sich sukzessive aus dem Verzehr von Fleisch, Eiern, Milchprodukten und tierischen Gebrauchsartikeln zurück.

So war es auch in meiner Familie, als unsere 12-jährige Tochter 1994 den Wunsch äußerte, kein Tier mehr zu essen. Wir probierten vegetarische Rezepte aus und waren von ihnen sofort sehr angetan. Es war dann freilich noch ein langer Weg, bis auch die Männer in der Familie überzeugt waren und gänzlich auf totes Tier verzichteten. Unser Sohn war acht Jahre alt, als er verkündete, jetzt nicht nur auf Fleisch, sondern auch auf Wurst verzichten zu wollen. Mein Mann, der ehemals eingefleischte Schwabe, vollzog diesen letzten Schritt ein Jahr später. Wir haben viele Hürden genommen und auch heute noch gibt es sie, insbesondere bei Restaurantbesuchen und auswärtigen Einladungen. In unserer Familie ist die Zahl der Vegetarier beständig gewachsen. Bei der letzten größeren Geburtstagsfeier waren unter 24 Gästen neun Vegetarier. Guter Geschmack setzt sich eben durch!

Laut einer Umfrage des Instituts für Demoskopie Allensbach ist die Zahl der Vegetarier in Deutschland deutlich gestiegen. Waren es vor 20 Jahren noch vier Prozent der Bevölkerung, so sind es jetzt acht bis neun Prozent (7 Millionen Menschen). Die Zahl der Veganer beträgt knapp ein Prozent (etwa 800.000, wovon 70 Prozent Frauen sind). Nicht mitgerechnet die sogenannten Teilzeitveganer, die nicht ständig, aber immer öfter zu Tofu und Seitan greifen.

Es gibt verschiedene Typen von Vegetariern. Ovo-Lacto-Vegetarier verzichten auf Fleisch, Lacto-Vegetarier zusätzlich auf Eier und Ovo-Vegetarier zusätzlich auf Milchprodukte. Veganer essen nichts von alledem.

Im Unterschied zu Vegetariern ernähren sich vegan lebende Menschen rein pflanzlich. Tierische Nahrungsmittel wie Fleisch, Fisch, Milchprodukte, Eier, Gelatine und Honig ersetzen sie durch pflanzliche Alternativen. Konsequente Veganer lehnen darüber hinaus auch tierische Produkte wie Wolle, Seide, Leder sowie die Tierhaltung ab.

Den Tieren und der Umwelt zuliebe

Wenn man weiß, wie sehr Kühe, Schweine, Hühner und andere Tiere in der Massentierhaltung leiden, wenn man weiß, dass für jedes eierlegende Huhn ein männliches Küken geschreddert wird (weil es keine Eier legt und daher überflüssig ist), wenn man weiß, dass die Kälber einer milchgebenden Kuh irgendwo im Ausland getötet werden (damit sie uns nicht die Milch wegtrinken), möchte man am liebsten nichts mehr damit zu tun haben. Tiere leiden, wenn auch stumm, wie etwa die Fische. Tiere bekommen vor Angst einen Herzinfarkt, wie Schweine auf dem Transport, oder zerhacken sich vor lauter Stress gegenseitig, wie Hühner in überfüllten Ställen. Wer nicht mehr verdrängt, der lebt heute vegan und unterstützt damit einen neuen und unaufhaltsamen Trend.

> **!**
> Wer Massentierhaltung ablehnt, lebt heute oft vegan.

Ein weiterer Beweggrund: Die Herstellung von Fleisch- und Milchprodukten sowie von Eiern schadet unserer Umwelt. Sie verschlingt Unmengen an Energien und Ressourcen. Für die Produktion von 1 kg Fleisch werden mindestens 10 kg Getreide benötigt. 1 kg Fleisch macht zwei Menschen satt – 10 kg Getreide machen 20 Menschen satt. Überdies ist davon auszugehen, dass die Getreidevorräte der Welt in Zukunft nicht ausreichen werden, um alle Fleischesser, vor allem in China und Russland, zu versorgen.

Für die Produktion von 1 kg Fleisch braucht man 30 Liter Wasser. Das kostbare Nass, die Grundlage allen Lebens, wird so verschwendet. Und mehr noch, es wird durch Dung und Gülle verschmutzt.

Die Fleisch- und Milchwirtschaft beschleunigt auch in beängstigendem Maße den Klimawandel. Bei der Produktion von 1 kg Fleisch entstehen fast 40 kg schädliches CO_2. Die Hälfte der Umweltverschmutzung ist auf die Produktion von tierischen Produkten und Fleisch zurückzuführen.

Die Meere sind überfischt und verdreckt. Ganze Fischarten stehen vor dem Kollaps oder sind vergiftet. Niemand redet mehr von der Radioaktivität, die durch die Fukushima-Katastrophe in Meer und Fisch gelangt ist. Alles schon aufgegessen?

!

Milliarden von Nutztieren erzeugen durch ihren Stoffwechsel schädliches Methan.

Kleine Paradiesgeschichte
Zwei Astronauten fliegen zum Mond. Sie stehen auf dem staubigen grauen Mond und schauen eine Weile ins unendlich dunkle Weltall hinein. Plötzlich geht am Mondhorizont die Erde auf. Sie erscheint wie eine leuchtende blaue Perle, bedeckt mit Wasser und Wald. Sagt der eine Astronaut: „Sieht er nicht wunderschön aus, unser Planet Erde?" Antwortet der andere Astronaut: „Lass uns zurückkehren auf unseren Planeten und den Menschen berichten, wie schützenswert dieses Paradies und alles Leben darauf ist."

Der Gesundheit zuliebe

Im Grunde ist Pflanzenkost die Basis für unsere Gesundheit. Alle Zugaben an tierischen Lebensmitteln erhöhen über ihren Reichtum an Eiweiß, Gesamtfett und gesättigten Fettsäuren das Risiko für Zivilisationskrankheiten. Wäre der Mensch nicht so ein genialer Verdränger, bliebe ihm alles Tierische im Halse stecken.

Wenn Sie zu den weltoffenen Menschen gehören, machen Sie einfach den Test und ernähren Sie sich einmal versuchsweise einige Wochen lang vegan. Sie werden merken, dass vegan nicht Verzicht, sondern Gewinn bedeutet. Gewinn an gutem Gewissen, Selbstwertgefühl, Lebensqualität, Nahrungsvielfalt, Genuss und Gesundheit. Achten Sie dann auch einmal bewusst darauf, wie Sie sich nach einem veganen Essen fühlen. Nicht belastet, schlapp und müde – sondern leistungsfähig und fit.

Ob Groß oder Klein, Mann oder Frau: Vegane Ernährung macht alle stark. Die größten Veganer sind übrigens Tiere – Elefanten und Hengste wachsen im Anschluss an ihre Säuglingszeit rein pflanzlich auf.

Vegan – für ein gesünderes Leben

Wagen wir doch einmal eine Blickdiagnose! Stellen Sie sich einen Menschen vor, pralles, aufgeschwemmtes Gesicht, vielleicht verquollene Augen, Gesichtsröte, Übergewicht und schwerer Atem. So sieht der typische Vielfleischesser aus, geplagt durch körperliche Fülle, Übersäuerung, hohen Blutdruck, Herzinfarkt und Gicht. Daneben steht ein Mensch, sehr schlank, klarer Blick, frisch wirkende Haut, gedanklich und körperlich wendig. So dürfen Sie sich einen Menschen vorstellen, der nichts im Übermaß isst und überdies basisch wirkende Lebensmittel, nämlich Obst und Gemüse, bevorzugt.

!

Machen Sie die Blickdiagnose: Veganer sehen gesünder aus als Menschen, die viel Fleisch essen.

Die vegane Lebensweise wurde jahrzehntelang automatisch mit Mangelernährung in Verbindung gebracht. Veganer müssen jedoch nicht hager oder untergewichtig aussehen. Wer sich mit den Nährstoffen beschäftigt, weiß, welche er vermehrt einsetzen muss, um sein Gewicht zu halten oder zuzunehmen. Müsli, Bratlinge, Aufstriche, Dips, Extraportionen Nüsse und pflanzliche Öle peppen die Kalorienzahl in gesunder Art und Weise auf. Gesünder und leckerer kann man kaum schlemmen!

Diese Krankheiten können Sie vergessen!

Wer sich für eine vegane Ernährung entscheidet, hat ein deutlich geringeres Risiko, eine Zivilisationskrankheit zu entwickeln, also Übergewicht, Bluthochdruck, Arteriosklerose (Blutgefäßverkalkung), Diabetes mellitus Typ 2, Herzinfarkt oder Schlaganfall. Denn diese Leiden finden sich vorwiegend bei Fleischessern. Lesen Sie hier, warum die folgenden Symptome und Erkrankungen für Sie kein Thema mehr sind, wenn Sie auf vegan umsteigen.

Übergewicht

Da Fett besonders viel Energie liefert (nämlich 9,3 kcal pro Gramm), geht der Verzicht auf Eier, Käse, Sahne und Fleisch fast automatisch mit einer Gewichtsabnahme einher. Obst, Gemüse, Getreide, vegane Sahne und Sojaprodukte sind fettarm und machen nicht dick. Als mein Mann und ich zur veganen Ernährung übergingen, um die Rezepte für dieses Buch zu testen, nahmen wir beide innerhalb weniger Wochen 4 kg ab. Im Übrigen schmeckte uns alles Vegane ausgesprochen gut und der dann doch wieder einmal eingesetzte Schmand kam mir vom Geschmack her irgendwie „falsch" vor. Probieren Sie es selbst aus – und fühlen Sie sich leicht und frei!

!

Vegane Lebensmittel enthalten weniger Fett und sind somit wahre Schlankmacher.

Laktoseintoleranz

Die Milchzuckerunverträglichkeit betrifft 15 bis 20 Prozent der Deutschen. Veganer, die ja keinen oder so gut wie keinen Milchzucker zu sich nehmen, sind vor Symptomen wie Übelkeit, Erbrechen, Blähungen, Winden und Durchfall geschützt. Nur selten löst schon eine sehr geringe Menge Milchzucker (z. B. in einem Medikament) eines dieser Symptome aus.

! Lesetipp: Sigrid Steeb, Lebensmittelunverträglichkeiten – So testen Sie sich selbst. Schlütersche Verlagsgesellschaft

Fruktosemalabsorption

10 bis 15 Prozent der Menschen, auch Kinder, vertragen Fruchtzucker, der in besonderem Maße in Obst vorkommt, schlecht. Falls Sie dazugehören, könnten Sie nach dem Verzehr von Obst oder Gemüse zu Übelkeit, Erbrechen, Blähungen, Bauchschmerzen oder Durchfall neigen (bei Kindern tritt manchmal nur Appetitlosigkeit auf). Meistens genügt es dann, fruchtzuckerreiche Obstsorten, deren Trockenprodukte und Säfte (auch Dicksäfte) wie auch industriellen Fruchtzuckerzusatz zu meiden.

- Besonders fruchtzuckerreich sind Agave, Apfel, Birne, Pflaume, Süßkirsche und Weintraube. Besser verträglich wird fruchtzuckerreiches Obst durch die Zugabe von Traubenzucker.
- Häufige industrielle Fruchtzuckerzusätze sind Fruktose, Inulin und Glukose-Fruktose-Sirup. Lesen Sie die Angabe auf den Etiketten.

Bei Verdacht auf eine Fruktosemalabsorption sind eine diagnostische Abklärung und bei Bestätigung der Diagnose weitere Informationen zu Krankheitsbild und Verträglichkeit von Lebensmitteln erforderlich. Wie Sie einen Fruchtzuckerbelastungstest selbst durchführen können, lesen Sie in meinem Buch „Lebensmittelunverträglichkeiten – So testen Sie sich selbst".

Bei richtiger Lebensmittelauswahl wird aber auch ein Veganer satt und glücklich werden!

! Bei Verdacht auf eine Fruktosemalabsorption ist eine diagnostische Abklärung notwendig.

Rheuma

Es ist bekannt und erwiesen, dass eine Ernährung, die reich an tierischen Produkten ist, Rheumaschmerzen fördert. Verursacher ist die entzündungsfördernde Arachidonsäure, die sich nur in tierischen Lebensmitteln findet. Eine vegane Ernährung ist somit ideal geeignet, um Rheumaschmerzen zu lindern! Meine Nachbarin hatte einen Bekannten, der sein Rheuma nur mit viel Kortison ertrug und aufgrund der Erkrankung seinen geliebten handwerklichen Hobbys nicht mehr nachgehen konnte. Auf meinen Rat hin stellte er seine Ernährung um. Und siehe da, sein Rheuma besserte sich derart, dass das Kortison auf eine sehr kleine Dosis reduziert werden und er wieder hämmern und sägen konnte – sein größtes Glück!

Eine vegane Ernährung kann Entzündungsschmerzen wirkungsvoll lindern.

Arachidonsäuregehalt ausgewählter Lebensmittel

LEBENSMITTEL	ARACHIDONSÄURE (mg/100 g)
Schweineschmalz	1700
Schweineleber	870
Eigelb	300
Wurst, Fleisch	50–230
Butter	83
Milchprodukte	2–40
Obst, Gemüse, Margarine, Pflanzenöle	0

Diabetes mellitus

Die Zahl der Zuckerkranken wächst in besorgniserregender Weise, auch bei jungen Menschen. Jede Zuckerkrankheit ist Wegbereiter für Arteriosklerose, Herzinfarkt und Schlaganfall! Während Diabetes mellitus Typ 1 genetisch bedingt ist, hängt die Entwicklung eines Diabetes mellitus Typ 2 stark vom Lebensstil ab. Seit einiger Zeit erkranken auch schon Kinder an dieser vormals „Altersdiabetes" genannten Zuckerkrankheit. Kinder, die mit tierischem Eiweiß überernährt werden (was leider sehr oft der Fall ist), werden früh übergewichtig und öfter zuckerkrank. Veganer hingegen haben ein um 50 Prozent niedrigeres Risiko für Diabetes mellitus Typ 2.

Gicht

Gicht wird durch Übergewicht, fettes Essen und eine übermäßige Zufuhr von Purinen (Zellkernbestandteile) aus Innereien, Fleisch und Bierhefe gefördert. Aus den Purinen entsteht im Körper Harnsäure, die in Gelenken auskristallisieren und auf diesem Wege sehr schmerzhafte Entzündungen verursachen kann. Ein erhöhter Harnsäurespiegel gilt auch als Risikofaktor für Arterio-

!

Purine aus Obst und Gemüse sind unbedenklich.

sklerose. Für Purine, die aus Obst und Gemüse stammen, wurde dagegen erst kürzlich Entwarnung gegeben.

Allerdings wird der Purinspiegel im Blut durch Fruchtzucker erhöht, auch schon durch ein einziges mit Fruchtzucker gesüßtes Getränk pro Tag – und ebenso durch den natürlichen Fruchtzuckergehalt von Obstsaft. Für Veganer gilt deshalb die Empfehlung, Fruchtzucker als Süßungsmittel zu meiden (lesen Sie die Zutatenliste!) und Obstsaft und Bier nur in Maßen zu genießen. Unter diesen Voraussetzungen dürften Veganer ein erheblich reduziertes Gichtrisiko haben.

Hoher Blutdruck

Übergewichtige Fleischesser haben ein drastisch erhöhtes Risiko für die Entwicklung eines Bluthochdrucks. Veganer sind im Vergleich schlanker und weisen niedrigere Blutdruckwerte auf. Parallel hierzu besteht logischerweise auch ein niedrigeres Risiko für Arteriosklerose, Herzinfarkt und Schlaganfall.

Herzinfarkt und Schlaganfall

In der deutschen Todesursachenstatistik stehen Herz- und Kreislaufkrankheiten mit 49 Prozent an erster Stelle. Vegetarisch lebende Männer haben durch ihren Fleischverzicht ein um 30 Prozent niedrigeres Risiko, an einem Herzinfarkt zu sterben, Frauen ein um 20 Prozent niedrigeres Risiko. Veganer, die ja durch den Verzicht auf Eier und Milchprodukte noch einmal deutlich weniger gesättigte Fettsäuren als Vegetarier zu sich nehmen, dürften eine noch höhere Risikosenkung haben. In Dänemark wurde übrigens 2011 eine Steuer auf gesättigte Fette in Lebensmitteln erhoben – wegen der immensen Krankheitskosten durch Herzinfarkt und Schlaganfall!

Krebs

Krebs steht mit 27 Prozent in der deutschen Todesursachenstatistik an zweiter Stelle. Fettes, ballaststoffarmes Essen, Bewegungsmangel und Rauchen begünstigen die Entstehung der tückischen Krankheit. Fleischesser erkranken zehnmal häufiger an Darmkrebs, wobei dem Zuwenig an Ballaststoffen und dem Zuviel an tierischem Eisen die Hauptschuld gegeben wird. Mädchen, die viel Fleisch essen, erkranken häufiger an Brustkrebs. Bezüglich Prostatakrebs wird weiter untersucht, ob Milchprodukte möglicherweise das Risiko erhöhen.

> **!**
>
> Fleischesser bekommen zehnmal häufiger Darmkrebs als Menschen, die auf Fleisch verzichten.

Veganer setzen die Ernährungsempfehlungen der Deutschen Gesellschaft für Ernährung (DGE) deutlich besser um als die Allgemeinbevölkerung, indem sie weniger Nahrungsenergie, Gesamtfett, gesättigte Fettsäuren und Eiweiß zu sich nehmen und dafür mehr Kohlenhydrate und Ballaststoffe verzehren. Veganer sind mit zahlreichen Vitaminen, Mineralstoffen und sekundären Pflanzenstoffen besser versorgt. Das gilt besonders für die antioxidativen Vitamine A, C, E, B_1, B_5, Biotin (Vitamin B_7) und Folsäure. Mit der steigenden Zahl von Veganern wird erst die Zukunft noch besser zutage bringen, wie sehr eine vegane Ernährungsweise unsere Gesundheit schützt.

Ich bin dann mal „veg"?

Na ja, so einfach ist es dann leider doch nicht! Für Sie als Veganer und Veganerin ist es unerlässlich, dass Sie sich gut mit den möglicherweise kritischen Nährstoffen auskennen und dass Sie die Regeln für Veganer, die Sie im nächsten Kapitel und in der vorderen Buchklappe finden, fest in Ihrem Alltag verankern.

Auch sollten Sie regelmäßig an allen Vorsorgeuntersuchungen teilnehmen. Besondere Bedeutung hat dabei der Check-up, den die Krankenkassen ab dem 35. Lebensjahr (alle zwei Jahre) bezahlen. Der Check-up, auch Gesundheitsuntersuchung genannt, wird beim Hausarzt durchgeführt. Er umfasst:

> **!**
>
> Durch den Check-up alle zwei Jahre behalten Sie Ihre Gesundheit im Blick.

- Vorgespräch
- körperliche Untersuchung
- Messung des Körpergewichts
- EKG
- Blutuntersuchung, u. a. mit Bestimmung der Blutfettwerte
- Kontrolle des Impfstatus

Auch das Wohlergehen von Kindern und Jugendlichen wird im Rahmen der gesetzlichen Vorsorgeuntersuchungen überprüft. Für alle 19- bis 34-Jährigen gibt es aber leider eine Check-up-Lücke. Da bei begründetem Anlass natürlich jederzeit eine Untersuchung möglich ist, sollten Sie Ihre Ernährungssituation und Ihr Anliegen mit Ihrem Hausarzt besprechen!

> Neu-Veganer können mit ihrem Verdauungssystem auf die ungewohnt ballaststoffreiche Ernährung reagieren. An die vermehrte Ballaststoffzufuhr gewöhnt sich der Darm jedoch innerhalb weniger Wochen, sodass Blähungen und Winde sich bald legen.

Auf diese Nährstoffe sollten Sie achten: Elf Regeln für Veganer

Von jetzt auf nachher unüberlegt einfach auf alles Tierische zu verzichten, ist sicher nicht der richtige Einstieg in eine vegane Ernährung. Sie müssen sich schon ein bisschen mit denjenigen Nährstoffen befassen, die leicht in ein Defizit geraten können, wenn Sie nicht aufpassen. Wollen Sie vegan leben und dabei auch gesund bleiben oder werden, kommt es wesentlich auf die richtige Auswahl und Zusammenstellung Ihrer Lebensmittel an. Auf den folgenden Seiten finden Sie in übersichtlicher Form alles, was Sie darüber wissen müssen. Und wenn Sie sich an die elf Regeln für Veganer halten, kann eigentlich nichts schiefgehen.

Wichtiger Hinweis
Ich habe diese Informationen nach bestem Wissen und Gewissen für Sie zusammengestellt. Eine Verantwortung für eventuell trotzdem auftretende Symptome und Krankheiten kann nicht übernommen werden. Bitte bleiben Sie auch immer selbst am Ball und informieren Sie sich regelmäßig über neue Erkenntnisse.

Energie

Bedeutung: Kohlenhydrate, Eiweiße und Fette versorgen uns mit unterschiedlich viel Energie, die in Kilokalorien (kcal) gemessen wird. Diese Energie benötigen wir für alle Stoffwechselvorgänge in Ruhe und Bewegung. Der tägliche Energiebedarf hängt von Geschlecht, Alter und körperlicher Aktivität ab. 1 g Kohlenhydrate bzw. 1 g Eiweiß liefert uns jeweils 4,1 kcal. Fett liefert mehr als das Doppelte, nämlich 9,3 kcal. Das ist eine für Veganer sehr wichtige Information, da sie keine Milchprodukte (fettreich: Sahne, Crème fraîche, Schmand, Käse) verzehren und deshalb oft abnehmen. Bei Übergewicht ist die Gewichtsabnahme natürlich sinnvoll und erwünscht. Bei Normalgewicht ist Abnehmen nur in dem Maße erwünscht, wie es zum Wohlbefinden beiträgt – Untergewicht sollten Sie auf jeden Fall vermeiden.

Tagesbedarf: Unser Körper benötigt etwa 30 kcal pro kg Körpergewicht, um nicht abzunehmen. Eine 60 kg schwere Frau hat somit einen Tagesbedarf von 1800 kcal, ein 80 kg schwerer Mann einen Tagesbedarf von 2400 kcal.

Vegane Quellen: Gute Energie- und Kalorienspender sind Vollkornprodukte, Nüsse, Samen, pflanzliche Öle (1 EL Öl enthält 10 g Fett und 90 kcal). Für alle, die zu Untergewicht neigen, darf es hiervon deshalb gerne auch etwas mehr sein!

Anzeichen eines Mangels: Abbau von Muskelmasse und Muskelkraft, allgemeine Erschöpfung (Adynamie), Müdigkeit.

Kontrolle: Der BMI (Body-Mass-Index) sagt Ihnen, wie es um Ihr Gewicht bestellt ist. Ermitteln Sie Ihren BMI einfach mittels Internet (Suchmaschineneingabe: „bmi rechner").

Regel Nr. 1
- Achten Sie auf Ihren BMI und vermeiden Sie Untergewicht.
- Nehmen Sie regelmäßig den Check-up beim Arzt in Anspruch.

Eiweiße

!

Alle neun essenziellen Aminosäuren müssen wir mit der Nahrung zuführen.

Bedeutung: Eiweiße (Proteine) werden für die unterschiedlichsten Aufgaben in unserem Stoffwechsel benötigt – vom Zellaufbau bis zur Herstellung speziellster Enzyme, Hormone und Biomarker. Sie bestehen aus kleinen Bausteinen – Aminosäuren –, von denen 20 verschiedene bekannt sind. Neun davon müssen mit der Nahrung zugeführt werden, da unser Körper sie nicht selbst herstellen kann (sogenannte essenzielle Aminosäuren).

Tagesbedarf: Unser Körper braucht 0,8 g Eiweiß pro kg Körpergewicht (Kinder bis 1,0 g). Ein 60 kg schwerer Mensch benötigt 48 g, ein 80 kg schwerer Mensch 64 g Eiweiß pro Tag.

Vegane Quellen: Für Veganer ist nicht nur wichtig zu wissen, welche pflanzlichen Lebensmittel eiweißreich sind, sondern auch, in welchen alle neun essenziellen Aminosäuren auf einmal enthalten sind. Sie finden sie in der folgenden Tabelle.

Pflanzliche Eiweißbomben

LEBENSMITTEL	g EIWEISS/100 g	ALLE 9 ESSENZIELLEN AMINOSÄUREN
Sojabohne, Tofu	40	x
Süßlupinen	40	x
Hülsenfrüchte	20–25	
Amarant	14	x
Quinoa	13	x
Hirse	10	x
Getreide	8–10	
Chiasamen	5	x

Zum Vergleich: Fleisch enthält 10 bis 20 g Eiweiß pro 100 g.

Soja ist nicht nur besonders reich an Eiweiß, sondern enthält alle neun essenziellen Aminosäuren.

Anzeichen eines Mangels: Abbau von Muskelmasse und Muskelkraft, allgemeine Erschöpfung (Adynamie), Infektanfälligkeit.

Kontrolle: Der Eiweißstatus lässt sich im Blut mit den Untersuchungen „Gesamt-Eiweiß" und „Albumin" erfassen (das aussagekräftigere Albumin ist ein kleines Transportprotein, sozusagen das Taxi für viele Stoffe, die durch unseren Körper transportiert werden müssen). Beide Untersuchungen gehören nicht zum Routinelabor im Check-up.

!

Soja ist ein guter Eiweißlieferant.

> **Regel Nr. 2**
> Essen Sie täglich Vollkornbrot oder Müsli, 1–2 Mal wöchentlich Hülsenfrüchte, 1–2 Mal wöchentlich Hirse, Quinoa oder Amarant und 1–2 Mal wöchentlich Tofu oder Süßlupine.

Fette

Bedeutung: Fette (Lipide) wirken als Energiespeicher im Fettgewebe, Isoliermaterial im Körper und Speicher fettlöslicher Vitamine. Besonders vielseitig wirken Omega-3-Fettsäuren: Sie verbessern die Fließeigenschaft des Blutes, halten die Blutgefäßwände elastisch und schützen dadurch vor Arteriosklerose (Blutgefäßverkalkung), Herzinfarkt und Schlaganfall, sie fördern die Gehirnreifung und das Lernpotenzial und sie mindern Entzündung und Schmerz bei Rheuma.

!

Veganer stehen mit ihrer Ernährung auf der ganz grünen Seite der Fettampel.

Tagesbedarf: Gesamtfette: Erwachsene benötigen 60 bis 80 g. Omega-3-Fettsäuren: Erwachsene benötigen 1 bis 2 g, Kinder altersabhängig 0,2 bis 0,8 g.

Weil sie tierische Produkte ablehnen, führen Veganer nur sehr wenig gesättigte Fettsäuren und Cholesterin zu und haben ein entsprechend geringes Arterioseriseriko (Ausnahme: genetisch bedingte Fettstoffwechselstörung). Die einfach und mehrfach ungesättigten Fettsäuren, die ernährungsphysiologisch als gesund gelten, führen sie mit pflanzlichen Ölen reichlich zu.

Ein besonderes Augenmerk sollten wir jedoch auf die **Omega-3-Fettsäuren** richten. EPA (Eicosapentaensäure) und DHA (Docosahexaensäure) sind langkettige Omega-3-Fettsäuren, die nur in fetten Meeresfischen und in Meeresalgen vorkommen. Veganer sind darauf angewiesen, dass diese im Körper vermehrt aus Alpha-Linolensäure gebildet werden, und eine erste Studie weist

Vegane Alpha-Linolensäurequellen

LEBENSMITTEL	ALPHA-LINOLENSÄURE (GEHALT IN %)
Samen	
Leinsamen*	50
Chiasamen	20
Walnüsse	8
Pflanzenöle	
Leinöl**	54 (1 TL deckt den Tagesbedarf)
Hanföl**	20
Walnussöl**	10
Rapsöl**	9 (1,5 EL decken den Tagesbedarf)
Margarine	
Vitaquell Omega 3***	6,4
Becel classic	5,9
Deli Reform Das Original	4,5
Becel pro activ	3,4

  * Nur die Inhaltsstoffe aus gemahlenem/geschrotetem Leinsamen sind für uns verwertbar.
 ** Öle mit hohem Alpha-Linolensäuregehalt nicht erhitzen (Rapsöl schonend erhitzen).
*** Vitaquell Omega 3 enthält zusätzlich 0,3 Prozent DHA aus Algen.

!

Der vegane Körper reagiert klug, indem er die Ausbeute an Omega-3-Fettsäuren wie auch die für Eisen und Zink erhöht.

darauf hin, dass Vegetarier und Veganer nicht weniger EPA und DHA in ihrem Blut haben als Fleischesser. Dies könnte bedeuten, dass die Umwandlungsrate aus Alpha-Linolensäure vom Körper bei Bedarf erhöht werden kann. Für Veganer ist es deshalb wichtig, vegane Alpha-Linolensäurequellen zu kennen (siehe Tabelle). Für Kinder, Schwangere und Stillende ist zusätzlich DHA aus Algen (gelatinefreie Kapseln, www.essential-foods.de) zu empfehlen.

Anzeichen eines Mangels: Eine Gesamtfettmenge, die unter dem empfohlenen Tagesbedarf liegt, führt zur Gewichtsabnahme. Eine zu geringe Zufuhr von Omega-3-Fettsäuren kann sich nachteilig auf den Zustand der Blutgefäße, auf das Lernvermögen und auf Rheumaschmerzen auswirken.

Kontrolle: Die Bestimmung der Werte von Cholesterin und seinen Untergruppen (LDL, HDL) erfolgt im Rahmen des Check-ups. Die Bestimmung von Omega-3-Fettsäuren im Blut ist nicht üblich.

Regel Nr. 3
- Verwenden Sie im Wechsel Öle, die reich an einfach oder mehrfach ungesättigten Fettsäuren sind, wie Olivenöl, Rapsöl und Leinöl. Wählen Sie Margarine, die mit Alpha-Linolensäure angereichert ist.
- Walnüsse im Snack versorgen Sie dann noch mit einer Extraportion Omega-3-Fettsäuren.
- Palm- und Kokosfett (gesättigte Fettsäuren) sollten Sie nur ab und zu verwenden.

Kohlenhydrate und Ballaststoffe

Bedeutung: Kohlenhydrate sind Zucker. Stärke als langkettiger Zucker wird langsam verdaut, sättigt lange und hält den Blutzucker in Schach. Man findet ihn in Getreide, Kartoffeln und Hülsenfrüchten. Kurzkettige Zucker wie Milchzucker, Traubenzucker und Haushaltszucker führen zu einer raschen Blutzuckererhöhung, sättigen nur kurz und führen im Übermaß zu Heißhunger.

Lösliche und unlösliche Ballaststoffe sättigen besonders lange, schützen vor Verstopfung, Hämorrhoiden, Darmkrebs und Übergewicht.

Tagesbedarf: Der Tagesbedarf von 5 g Kohlenhydraten pro Kilogramm Körpergewicht und 30 g Ballaststoffen wird von Veganern mühelos erfüllt. Achten Sie darauf, dass Sie überwiegend langkettige Zucker (Stärke in Form von Getreide) zu sich nehmen und weniger kurzkettige Zucker (Haushaltszucker). Beim Getreide darf es auch einmal Weißmehl sein. Neuere Untersuchungen haben nämlich gezeigt, dass Weißmehl-Backwaren besonders viel Hemizellulose (löslicher Ballaststoff) enthalten. Hemizellulose fördert die Ansiedlung einer bestimmten Bakterienart im Darm (Lactobacillus), schafft damit ein saures Darmmilieu und eine stabile Darmschleimhautbarriere zur Abwehr von Krankheitserregern.

Anzeichen eines Mangels: Gewichtsabnahme, körperliche Schwäche, Verstopfung.

Vegane Quellen: Getreide (Brot, Müsli, Nudeln, Reis), Pseudogetreide (Amarant, Hirse, Quinoa), Kartoffeln, Hülsenfrüchte.

Kontrolle: Eine Bestimmung von Stärke im Blut ist nicht sinnvoll, da diese schon im Darm in kleine Moleküle zerlegt wird. Die

Bestimmung des Einfachzuckers Glukose wird bei Verdacht auf Diabetes vorgenommen.

> **Regel Nr. 4**
> • Ihr tägliches Brot sollte ein Vollkornbrot sein. Zwischendurch dürfen Sie jedoch ohne schlechtes Gewissen auch zu Baguette, Ciabatta oder Fladenbrot greifen!
> • Verzehren Sie nur ab und zu Haushaltszucker und Süßigkeiten.

Kalzium

Bedeutung: Kalzium ist wichtig für den Kalksalzgehalt von Knochen und Zähnen. Für die Aufnahme durch die Darmschleimhaut und für die Aufnahme in die Knochen wird Vitamin D benötigt. Milchprodukte sind keine optimalen Kalziumlieferanten, da das in ihnen enthaltene Kalzium in Verbindung mit dem Milcheiweiß entgegen landläufiger Meinung der Knochenentkalkung Vorschub leistet. Zu dem damit verbundenen Osteoporoserisiko gibt es mittlerweile zahlreiche Studien.

Tagesbedarf: 800 bis 1000 mg Kalzium braucht unser Körper.

Vegane Quellen: Grüne Gemüsesorten wie Brokkoli, Fenchel, Grünkohl, Lauch, Mangold, Rucola und Spinat enthalten ca. 100 mg Kalzium pro 100 g. Mit einer Portion von 200 g nehmen Sie also etwa 200 mg Kalzium auf. 100 g Amarant liefert 200 mg, 100 g Tofu 100 mg Kalzium. Nüsse sind noch kalziumreicher (200 bis 250 mg pro 100 g) und in kleiner Portion ja schon als Feierabendsnack berücksichtigt (siehe Regeln Nr. 8 und 9).

Spitzenreiter der kalziumreichen Lebensmittel ist allerdings der Sesam mit 785 mg pro 100 g – nur wer will täglich so viel Sesam knabbern? Mit Sesammus in Form von Tahin (Rezept siehe Seite 60) kommen wir da schon eher zu einer kalziumreichen

Mahlzeit. Gut sieht es auch für das wichtigste Lebensmittel der Erde aus: Mineralwasser. Es bietet uns beste Kalzium-Bioverfügbarkeit und wird vom Körper sowieso täglich benötigt. Ein Mineralwasser gilt als kalziumreich, wenn es mindestens 150 mg Kalzium pro Liter enthält. Als Veganer sollten Sie eine Sorte mit mindestens 500 mg Kalzium pro Liter auswählen. Wenn Sie Regel Nr. 5 beherzigen, sollten Sie kein Kalziumpräparat zusätzlich einnehmen, denn neuere Untersuchungen zeigen, dass ein Zuviel an Kalzium die Blutgefäßverkalkung fördern kann.

> **!**
>
> In der Mineralwassertabelle bei www.netzwerk-osteoporose.de finden Sie kalziumreiche Mineralwässer.

Anzeichen eines Mangels: Veganer neigen zu geringerer Knochendichte. Auf Dauer kann beim Kind Rachitis, beim Erwachsenen Osteoporose bis hin zum Knochenbruch entstehen.

Kontrolle: Beim Check-up wird der Kalziumwert mitbestimmt. Er sagt jedoch nichts über die Knochenstabilität aus. Ist der Kalziumwert erniedrigt, so sollte dies eine Vitamin-D-Bestimmung nach sich ziehen.

> **Regel Nr. 5**
> - Trinken Sie täglich 1 Liter Mineralwasser mit einem Kalziumgehalt von mindestens 500 mg pro Liter.
> - Streuen Sie öfter Sesam über Salat, Gemüse, Müsli, auch geröstet.

Eisen

Bedeutung: Eisen ist für den Aufbau des roten Blutfarbstoffs (Hämoglobin) und damit für den Sauerstofftransport im Blut zwingend erforderlich. Damit die Eisenspeicher (Leber, Milz) nicht leerlaufen, muss Eisen regelmäßig mit der Nahrung zugeführt werden. Pflanzliches Eisen ist für den Körper angeblich schlechter verwertbar als tierisches Eisen (siehe Rübenstory auf Seite 51). Die Eisenausbeute aus Pflanzen kann aber erhöht werden, indem man zeitgleich Vitamin C verzehrt, z. B. in Form von Saft, frischer Petersilie, frischem Obst und Gemüse. Tannine hingegen behindern die Eisenaufnahme, weshalb Sie zumindest zu den warmen Mahlzeiten keinen Kaffee oder schwarzen Tee trinken sollten.

Tagesbedarf: Erwachsene bauchen 10 mg am Tag, menstruierende Frauen 15 mg, Schwangere und Stillende bis 30 mg, bei Kindern ist der Bedarf altersabhängig. Eine übermäßige Eisenzufuhr, wie sie bei vielen Fleischessern gegeben ist, wird in der Ernährungsmedizin als sehr ungünstig angesehen, da das im Darm befindliche überschüssige Eisen mit für Darmkrebs verantwortlich gemacht wird.

Eisengehalt einiger veganer Lebensmittel

LEBENSMITTEL	EISEN (mg/100 g)
Zuckerrübensirup	10–20*
Kakaopulver, schwach entölt	12
Sesam	10
Amarant, Hirse, Quinoa	8–9
Mohn	9,5
Leinsamen (gemahlen)	8,2
Linsen	8
Sonnenblumenkerne	6,3
Hülsenfrüchte	5–7
getrocknete Aprikosen	4
Rotbäckchensaft Klassik	3,5

* Chargenabhängige Schwankungen
Zum Vergleich: 100 g Fleisch liefert 2–3 mg Eisen.

Der viel zitierte Eisenreichtum roter Gemüse und Früchte wie Rote Bete oder Johannisbeeren gehört in das Reich der Märchen! Kein Märchen ist jedoch, dass unbeschichtetes Eisengeschirr die darin zubereitete Mahlzeit mit Eisen anreichert. Eine Studie in Äthiopien hat für die Menschen, die so gekocht haben, eine bessere Eisenversorgung ergeben.

Anzeichen eines Mangels: Blutarmut, Blässe, Müdigkeit, Appetitlosigkeit, Mundwinkelrisse.

Kontrolle: Ein guter Parameter für die Beurteilung Ihres Eisenstatus ist der MCV-Wert des Blutbildes (mittleres corpusculäres Volumen der roten Blutkörperchen). Ist der Wert erniedrigt, so besteht berechtigter Verdacht auf einen Eisenmangel und es sollte im Anschluss der Eisenspeicherwert (Ferritin) festgestellt werden. Schwierig wird es bei gleichzeitig bestehendem Eisen- und Vitamin-B_{12}-Mangel. Eisenmangel erniedrigt das MCV, Vitamin-B_{12}-Mangel erhöht das MCV, sodass sich beide Mängel gegenseitig kaschieren können. Gegebenenfalls, insbesondere wenn die Symptome auf einen der beiden Mängel hinweisen, sollte deshalb auch bei normalem MCV sowohl Ferritin als auch Vitamin B_{12} bestimmt werden. Ist ein Eisenmangel nachgewiesen, ist eine Therapie mit Eisen erforderlich (Kräuterblut oder Eisentabletten).

Regel Nr. 6
- Wählen Sie Zuckerrübensirup für Ihr Frühstücksbrot und trinken Sie dazu ein Glas Multivitaminsaft.
- Bereiten Sie 1–2 Mal pro Woche ein Gericht mit Hirse, Quinoa oder Amarant zu (siehe Regel Nr. 2). Bestreuen Sie Salat und Gemüse öfter mit Sesam oder Sonnenblumenkernen.
- Toppen Sie Ihren Snack mit getrockneten Aprikosen.

Jod

Bedeutung: Jod ist ein unverzichtbarer Baustein der Schilddrüsenhormone. Deutschland gilt als Jodmangelgebiet, da das ehemals im Gestein enthaltene Jod im Laufe der Zeit in die Meere gespült wurde. Dort reichert es sich in den Meerestieren an. Jodmangel durch den Verzehr von Meerestieren ausgleichen zu wollen, wäre aber verantwortungslos, da die Meeresvorräte für die Menschheit nicht ausreichen und die Meerestiere aussterben würden. In geringerer Menge ist Jod darüber hinaus auch in Milchprodukten und Eiern enthalten.

Tagesbedarf: Erwachsene brauchen 180 bis 200 μg Jod, Schwangere und Stillende 250 μg, bei Kindern ist der Bedarf altersabhängig.

Vegane Quellen: Eine vegane Quelle sind Meeresalgen. Der gelegentliche Verzehr von Nori-Algen kann begrenzt zur Jodversorgung beitragen. Der Jodgehalt anderer Algen ist teils jedoch immens hoch, weshalb von ihrem Verzehr abgeraten werden muss. Veganer haben daher keine Möglichkeit, sich täglich ausreichend Jod über natürliche Lebensmittel zuzuführen, und sind dementsprechend schnell mit dem Spurenelement unterversorgt. Es bleibt die Möglichkeit, regelmäßig Jodsalz zu verwenden und das tägliche Brot (dann mit Jodsalz) selbst zu backen. Eine Überdosierung ist mit diesem Vorgehen nicht zu befürchten.

Bei ersten Anzeichen einer Schilddrüsenvergrößerung oder eines Jodmangels sollten Sie zusätzlich Jodtabletten einnehmen.

Anzeichen eines Mangels: Schilddrüsenüber- oder Schilddrüsenunterfunktion, Schilddrüsenknoten, Kropf.

Kontrolle: Der TSH-Wert im Blut (nicht unbedingt im Check-up enthalten) gibt Auskunft über die Stoffwechselsituation der

> **!**
>
> Veganer müssen Jod in Form von Jodsalz und eventuell Jodtabletten zu sich nehmen.

Schilddrüse. Ist er erhöht, so besteht Verdacht auf eine Schilddrüsenunterfunktion, ist er erniedrigt, besteht Verdacht auf eine Schilddrüsenüberfunktion. Es sollten dann zusätzlich die freien Schilddrüsenhormone bestimmt werden. Die Größe der Schilddrüse wird mittels Ultraschall bestimmt (nur erforderlich bei äußerlicher Auffälligkeit oder bei veränderten Schilddrüsenwerten).

Regel Nr. 7
Backen Sie Ihr tägliches Brot einfach selbst – verwenden Sie hierfür und für alle anderen Speisen grundsätzlich jodiertes Speise- oder Meersalz.

Zink

Bedeutung: Zink ist ein wichtiger Begleitfaktor für den Stoffwechsel und das Immunsystem. Im Gegensatz zu Eisen gibt es keinen Körperspeicher, weshalb das Spurenelement täglich zugeführt werden muss. Sehr gute Zinklieferanten sind Käse und bestimmte Fleischsorten. Vermutlich steigt bei Veganern, wie auch

Zinkgehalt einiger veganer Lebensmittel

LEBENSMITTEL	ZINK (mg/100 g)
Kakaopulver	5
Hafer	4
Weiße Bohnen, Linsen, Sojabohnen	2,5–4,2
Walnüsse, Erdnüsse, Paranüsse	2,5–4
Vollkornbrot	1,5–3,5
Mais	2,6
Hirse	1,8
Naturreis	1,5
Rotbäckchensaft Immunstark	1,5

bei Ovo-Lacto-Vegetariern, die Zink- und Eisenausbeute aus pflanzlichen Lebensmitteln, sodass kein Mangel entstehen muss.

Tagesbedarf: Erwachsene, Schwangere und Stillende benötigen etwa 10 mg, der Bedarf von Kindern ist altersabhängig.

Anzeichen eines Mangels: Appetitlosigkeit, Infektanfälligkeit, Haar- und Hautprobleme, Wundheilungsstörung, Wachstumsstörung, Nachtblindheit, Geruchs- und Geschmacksstörung.

Kontrolle: Eine Bestimmung des Zinkwertes wird selten durchgeführt. Bei Verdacht auf einen Zinkmangel kann man eine Zinkkur (Zinkpräparat aus der Drogerie) machen und ihre Wirkung beobachten.

Regel Nr. 8
- Ihr tägliches Brot sollte ein Vollkornbrot (alternativ Müsli) sein.
- Bereiten Sie 1–2 Mal pro Woche Hülsenfrüchte zu (beides bereits mit Regel Nr. 2 erfüllt).
- Bereichern Sie Ihren Snack gelegentlich um Walnüsse, Erdnüsse, Paranüsse und vegane Schokolade.

Vitamin B_2

Bedeutung und Vorkommen: Vitamin B_2 (Riboflavin) fördert den letztendlichen Abbau der Nährstoffe in jeder Zelle, das Embryonalwachstum, die Stabilität von Nervenzellen und Immunität. Nahrungsmittel mit dem höchsten Vitamin-B_2-Gehalt sind Innereien und Milchprodukte.

Tagesbedarf: Säuglinge brauchen 0 bis 0,4 mg, Kinder 0,7 bis 1,3 mg, Erwachsene 1,2 bis 1,5 mg pro Tag. Eine gute Körperreserve reicht für 2 bis 6 Wochen.

Vitamin-B_2-Gehalt einiger veganer Lebensmittel

LEBENSMITTEL	B_2 (mg/100 g)
Mandeln	0,6
Champignons	0,45
Hülsenfrüchte	0,3
Haselnüsse, Kürbiskerne, Pinienkerne, Sonnenblumenkerne	0,25
Vollkorn	0,2
Walnüsse, Gemüse	< 0,2

Vitamin B_2 ist hitzestabil, sodass es uns auch in Brot und Bratlingen (über Vollkorn, Nüsse, Samen) und in gerösteten Samen noch zur Verfügung steht.

Anzeichen eines Mangels: Schwerer Riboflavinmangel ist äußerst selten. Von einem leichtem Mangel sind am ehesten vegane Kinder und Frauen betroffen. Anzeichen sind, ähnlich wie bei Eisenmangel, Entzündungen von Haut und Schleimhaut, Mundwinkeleinrisse (Rhagaden), Blutarmut, Nervenschäden, Sehstörungen.

Kontrolle: Eine routinemäßige Kontrolle im Blut ist meines Erachtens nicht erforderlich.

> **!**
>
> Vitamin B_2 ist hitzestabil und geht beim Braten, Backen und Rösten nicht verloren.

Regel Nr. 9
- Wählen Sie als Snack Mandeln, Haselnüsse und Kürbiskerne.
- Streuen Sie über Ihren Salat, Ihr Gemüse oder Ihre Nudeln Pinien- oder Sonnenblumenkerne, gerne auch geröstet.

Vitamin B$_{12}$

Bedeutung: Vitamin B$_{12}$ (Cobalamin) wird zum Aufbau von roten Blutkörperchen und von Nervenzellen benötigt. Sind unsere Cobalamin-Speicher in Leber und Muskulatur gut gefüllt, so reichen sie für ungefähr drei Jahre. Verlassen Sie sich als Veganer aber nicht auf ein solches Depot, da Sie es nicht messen können.

Tagesbedarf: Erwachsene brauchen 3 µg Vitamin B$_{12}$, Schwangere 3,5 µg, Kinder abhängig von ihrem Alter.

Vegane Quellen: Cobalamin kommt fast ausschließlich in tierischen Produkten vor (da diese mit Bakterien besiedelt sind, welche Vitamin B$_{12}$ bilden). Das Vitamin B$_{12}$ der Nori-Alge ist für den Menschen nur mit Fragezeichen verwertbar (es fehlen Untersuchungen hierzu), das Vitamin B$_{12}$ anderer Algen nicht verwertbar. Doch der Industrie ist es gelungen, aus Hefen oder Bakterien ein veganes Vitamin B$_{12}$ zu gewinnen, das Lebensmitteln zugesetzt wird, z. B. Sojaprodukten oder Säften. Allerdings können zugesetzte Vitamine gentechnisch verändert sein. Da dies auf den Produkten nicht deklariert werden muss, hilft hier nur Nachfragen beim Hersteller.

> **!**
>
> Es gibt Lebensmittel mit zugesetztem veganem Vitamin B$_{12}$.

Wählen Sie einen Multivitaminsaft, der ausreichend mit Vitamin B$_{12}$ angereichert ist. Säfte vom Discounter enthalten allerdings nur etwa 0,5 µg pro 100 ml, sodass Sie davon täglich 600 ml trinken müssten – zu viel, sofern Sie nicht gerade zunehmen wollen. Der Multivitaminsaft 11 plus 11 von Rabenhorst enthält 1,25 µg Vitamin B$_{12}$ pro 100 ml, sodass ¼ Liter Ihren Bedarf deckt. Kinder bis etwa 10 Jahre kommen noch mit 300 ml Rotbäckchensaft Lernstark aus (0,63 µg pro 100 ml).

Trinken Sie den täglichen Multivitaminsaft zu einer eisenreichen Speise, so erhöht sein Vitamin C ganz nebenbei noch die Eisenausbeute. Sie schlagen also zwei Fliegen mit einer Klappe (im übertragenen Sinne – Vegetarier und Veganer schlagen natürlich keine Insekten).

Anzeichen eines Mangels: 60 bis 90 Prozent der Veganer haben einen Vitamin-B_{12}-Mangel. Säuglinge können einen schweren Vitamin-B_{12}-Mangel mit Entwicklungsstörungen haben, obwohl die stillenden Mütter selbst keine Zeichen eines solchen Mangels aufweisen. Erwachsene zeigen oft erst spät Symptome wie Blutarmut, Zungenentzündung, Zungenbrennen, neurologische Störungen (Gefühlsstörungen bis hin zu bleibenden Lähmungen) und psychische Störungen (bis hin zur Demenz). Als wäre das nicht genug, erhöht ein Vitamin-B_{12}-Mangel auch noch das Risiko für Herzinfarkt und Schlaganfall.

> **!**
>
> Achtung: Beugen Sie als Veganer unbedingt einem Vitamin-B_{12}-Mangel vor!

Kontrolle: Bei Vitamin-B_{12}-Mangel ist der MCV-Wert des Blutbildes typischerweise erhöht. Bei Folsäuremangel ist der MCV-Wert ebenfalls erhöht, ein Folsäuremangel ist bei Veganern aber sehr unwahrscheinlich, da dieses Vitamin reichlich mit Gemüse aufgenommen wird.

Vorsicht: Liegt gleichzeitig ein Eisenmangel vor, so kann der MCV-Wert fälschlicherweise normal ausfallen. Und: Ein hoher Folsäurespiegel, wie er bei Veganern üblich ist, kann einen Vitamin-B_{12}-Mangel verdecken.

Bei jedem Verdacht auf einen Vitamin-B_{12}-Mangel sollte der Vitamin-B_{12}-Spiegel im Blut bestimmt werden. Besonders früh und empfindlich wird ein Vitamin-B_{12}-Mangel von HTC (Holotranscobalamin) angezeigt, die Untersuchung ist jedoch dreimal so teuer. Ebenso teuer und relativ aufwendig ist die Bestimmung der Methylmalonsäure (MMA) im Blut. Sie spiegelt als einziger Parameter die Versorgung der Zellen mit Vitamin B_{12} wider.

Wird ein Vitamin-B_{12}-Mangel diagnostiziert, ist die Frage, ob eine mangelnde Zufuhr verantwortlich ist oder ob das Vitamin aufgrund einer mangelnden Resorption nicht in den Körper gelangt ist. In letzterem Fall, der nicht durch eine vegane Lebensweise begründet ist, muss Vitamin B_{12} lebenslang gespritzt werden.

Regel Nr. 10
Trinken Sie täglich genug mit Vitamin B_{12} angereicherten Multivitaminsaft oder nehmen Sie Methylcobalamin-Tabletten ein.

Achten Sie darauf, dass Ihr Multivitaminsaft viel Vitamin B_{12} enthält.

Vitamin D

Bedeutung: Das Sonnenvitamin Vitamin D fördert die Kalziumaufnahme und die Knochenfestigkeit. Es ist das einzige Vitamin, das unser Körper selbst herstellen kann, sofern wir uns eine gewisse Zeit im Freien bzw. in der Sonne aufhalten. Aktiviert wird es anschließend in der Niere. Vitamin D ist ein Tausendsassa, da es auch die Muskelkraft stärkt, das Sturzrisiko älterer Menschen verringert und in gewissem Maß Diabetes und Krebs vorbeugt.

Tagesbedarf: Er liegt altersabhängig bei 5 bis 10 µg.

Vegane Quellen: Veganer sind nicht häufiger von Vitamin-D-Mangel betroffen als Fleischesser, da das Vitamin kaum in Lebensmitteln vorkommt (in geringen Mengen findet es sich in Pilzen, Milchprodukten und Eiern). Insofern brauchen Sie sich um eine vermehrte Zufuhr über Lebensmittel nicht zu bemühen.

Anzeichen eines Mangels: Typische Mangelzeichen sind Rachitis beim Kind bzw. Osteoporose und Knochenbrüche beim Erwachsenen. Fast alle alten Menschen haben einen Vitamin-D-Mangel!

Kontrolle: Kalzium und 25-OH-Vitamin D sollte regelmäßig kontrolliert werden (z. B. alle zwei Jahre).

Regel Nr. 11
- Halten Sie sich täglich 15 bis 30 Minuten im Freien auf, am besten sportlich aktiv. Tragen Sie für diese Zeit keine Sonnencreme auf und meiden Sie die pralle Sonne.
- Kinder bis zum ersten/zweiten Lebensjahr und Senioren sollten zusätzlich ganzjährig Vitamin D einnehmen.

Special

Von Jung bis Alt vegan

Viele raten grundsätzlich von veganer Ernährung ab, erst recht für Kinder. Ich kann dies unter der Annahme verstehen, dass man sich Sorgen um ausreichende Ernährungskenntnisse macht. Heute gilt jedoch, dass eine gut geplante vegane oder vegetarische Ernährung für alle Lebensphasen geeignet ist, angefangen von der Schwangerschaft bis hin zum Alter. Aber wohlgemerkt: Gut geplant muss sie sein!

Unter folgenden Bedingungen kann ich mir eine vegane Ernährung auch für Kinder, Schwangere und Stillende, die ja allesamt einen erhöhten Nährstoffbedarf haben, vorstellen:

- Man ist bereit, sich zu belesen und zu informieren bzw. sich etwas erklären zu lassen. Spezielle Informationen zum Bedarf in Schwangerschaft, Stillzeit, Säuglingszeit und Kindheit sind bei www.vegan.ch, www.vebu.de und www.vitalstoff-lexikon.de zu finden.
- Man ist bereit, querbeet zu essen. Kostnörgler haben nämlich keine Chance, gesund vegan zu leben.
- Man nimmt zuverlässig an allen Vorsorgeuntersuchungen teil.
- Man ist bereit, bei nachgewiesenem Nährstoffmangel Ergänzungsmittel einzunehmen (ein Beispiel für ein veganes Ergänzungsmittel, das alle kritischen Nährstoffe enthält, ist orthomol veg one®).

Rechnen Sie damit, dass Sie bei den Ärzten auf breite Ablehnung stoßen. In der Regel sind meine Kollegen aber lediglich unwissend und überfordert und auch einfach in großer Sorge um ihre Patienten. Meiner Tochter ging es mit ihrem Sohn (von Geburt an Ovo-Lacto-Vegetarier) nicht anders. Ständig leicht erniedrigter Hämoglobinwert und deutlicher Eisenmangel – ständig aufgelöste Kinderärztin – wiederholte Eisentherapie – ausbleibender Erfolg. Ein beständig gesund und munter wirkendes Kind ohne irgendein Eisenmangelsymptom, was der Ärztin im Laufe der Jahre dann doch zu Gelassenheit verhalf. ▶▶

Mein Fazit: Die Normalwerte sind sämtlich an Fleischessern und nicht an Vegetariern und Veganern erhoben worden. Doch haben Fleischesser tatsächlich die „normalen" Werte? Ich möchte das doch sehr bezweifeln!

Vegane Ernährung für Jung und Alt? Nicht ganz unkompliziert, aber möglich.

DIE PRAXIS – VEGAN KOCHEN UND GENIESSEN LEICHT GEMACHT

Haben die vielen guten Gründe für ein bewusstes Leben und Essen ohne tierische Produkte Sie überzeugt? Dann geht es nun an die praktische Umsetzung, die Umstellung Ihrer Ernährung und der Ihrer Familie. In diesem Kapitel finden Sie wertvolle Tipps, die Ihnen den Umstieg leicht machen, erfahren alles über die Zutaten, die in Ihrem Küchenschrank stets parat stehen sollten, und wie Sie die tierischen Produkte in lieb gewonnenen Rezepten problemlos durch vegane ersetzen können. Bitte treten Sie ein in Ihre neue vegane Küche!

Vegan – meine Küche, meine Zutaten, mein Erfolg!

Tipps für Einsteiger

Bio ist besser

Bio-Lebensmittel stammen aus ökologisch kontrolliertem Anbau, der auf Gentechnik, konventionelle Pestizide und Kunstdünger verzichtet. Unterstützen Sie die aufwendige Arbeit der Bio-Betriebe in dem Maße, wie es Ihre Geldbörse zulässt. Reicht es für Bio nicht, dann brausen bzw. bürsten Sie Obst und Gemüse umso gründlicher ab und schälen Sie es, sofern möglich und nötig (mit dem Schälen geht allerdings ein Großteil der wertvollen Nährstoffe verloren). Für Obst und Gemüse, das aufgrund seiner Oberfläche nur unzureichend gereinigt werden kann (z. B. Beeren oder Trauben), sollten Sie jedoch grundsätzlich nur Bio-Ware kaufen.

Wo kaufe ich ein?

Sollten Sie in einer Stadt wohnen, die über einen größeren Bio-Markt verfügt, so dürfen Sie sich glücklich schätzen. So ein Bio-Markt ist nämlich eine wahre Fundgrube für Veganer: Schokolade, Pesto, Meerrettichsahne, Bratlinge, Aufschnitt, Aufstriche, Käse, Fixprodukte für Salatdressing, Suppen, Vanillesoße, Pudding – hier gibt es alles, was das vegane Herz begehrt!

Für alle, die außerhalb wohnen, bleibt das Veggie-Regal eines gut sortierten Supermarkts, das nächste Reformhaus (das auf Wunsch auch gerne Produkte bestellt) oder die Onlinebestellung. Bei der Suche nach veganen Produkten können auch der Einkaufsguide und die Vegan-Guide-App von peta2 (www.peta2.de) hilfreich sein. Schauen Sie sich an verschiedenen Stellen um und probieren Sie vegane Produkte aus – nur so finden Sie Ihre persönlichen Lieblingsartikel!

!

Auf www.peta2.de finden Sie einen Einkaufsguide und die passende App.

Wie lagere ich richtig?

- Tofu sollte rasch aufgebraucht werden, um Schimmel keinen Nährboden zu bieten. Einfrieren eignet sich nicht so gut, da dies die Tofukonsistenz verändert.
- Angebrochene Drinks, Joghurts und Sojasahne bitte im Kühlschrank aufbewahren.
- Fertigprodukte wie Bratlinge, Würstchen etc., egal ob auf Tofu- oder Seitanbasis oder selbst gemacht, lassen sich prima einfrieren und bei Bedarf entnehmen.
- Oliven lassen sich im Originalglas einfrieren. Zuvor bitte die gesamte Flüssigkeit ablaufen lassen, um die Oliven vor dem Verschimmeln zu schützen. Bei Bedarf einfach die gewünschte Anzahl entnehmen.
- Mehl und alles Getrocknete sollten Sie zusätzlich zur Originalverpackung in Einmachtüten mit Clip oder in Einmachgläsern aufbewahren, um Lebensmittelmotten und -käfern einen Riegel vorzuschieben. Gesundes mögen nämlich auch diese gern!

Alles Getrocknete am besten in dichten Einmachgläsern aufbewahren.

Vorsicht Falle!

Vegane Logos sind bislang nicht geschützt und können daher auch auf Produkten stehen, die nicht wirklich vegan bzw. vegetarisch sind! Dazu kommt, dass es Lebensmittel gibt, die mithilfe gut versteckter tierischer Zutaten hergestellt werden:

- Gelatine zur Klärung von Saft, Essig, Wein
- Schweineschmalz in Brezeln
- L-Cystein aus Schweineborsten für geschmeidigere Mehlteige

Die Industrie ist erfinderisch, wenn es darum geht, billigste Tierabfälle gewinnbringend zu verwerten!

Aber auch auf sogenannte Vegan-Logos können Sie sich nicht verlassen. Im Biomarkt fand ich ein als vegan gekennzeichnetes Ghee, was in sich schon einen Widerspruch darstellt, da Ghee ja bekanntermaßen aus Butter gewonnen wird. Und auf der Verpackung des so oberleckeren „vego Whole hazelnut chocolate bar" ist zu lesen, dass der Schokoriegel Spuren von Milchprodukten enthalten kann. Auf meine Nachfrage antwortete die Firma, dies stehe aus rein versicherungsrechtlichen Gründen darauf, weil in derselben Produktionsstätte auch Produkte mit Milchbestandteilen produziert würden. Die Produktlinien seien jedoch absolut getrennt.

Entscheiden Sie selbst, was Sie noch zulassen möchten und was nicht. Gewöhnen Sie sich an, die Zutatenlisten zu lesen, um nicht in eine Laktose-, Milch-, Ei- oder Speckfalle zu tappen!

Hilfreiche Informationen liefert außerdem www.foodwatch.org.

Vegane Zutaten von A bis Z

Agar: Agar (auch: Agar-Agar) wird aus den Zellwänden verschiedener Algen gewonnen. Er hat eine besonders hohe Gelierkraft (½ TL entspricht 4 Blatt Gelatine), sodass man etwas Fingerspitzengefühl im Umgang mit ihm braucht. Er eignet sich besonders gut zum starken Gelieren, etwa von Desserts oder Sülzen, die dadurch sturzfähig werden.

Agavendicksaft: Der hohe Fruchtzuckeranteil in diesem Süßungsmittel muss als ungünstig bewertet werden. Zum einen können empfindliche Menschen mit Übelkeit, Bauchschmerzen, Blähungen oder Durchfall reagieren, zum anderen trägt Fruchtzucker im Übermaß zu Gicht und Arteriosklerose mit all ihren Folgen bei.

Ahornsirup: Hauptproduktionsland ist Kanada, wo aus einem Zuckerahornbaum durch Anzapfen innerhalb von vier Wochen etwa 100 ml Ahornsirup gewonnen werden. Ahornsirup ist gut geeignet, um Süße an Dressing, Müsli und Desserts zu geben. Nach Anbruch sollte er im Kühlschrank aufbewahrt werden.

Albaöl: Albaöl ist der Warenname für ein schwedisches Rapsöl mit Butteraroma. Geben Sie es über Kartoffeln oder Spargel – mmh, lecker! Rapsöl mit Buttergeschmack ist mittlerweile auch aus deutscher Produktion erhältlich.

Algen: Falls Sie befürchtet haben, für Ihre Vitamin-B_{12}-Versorgung von nun an Algen essen zu müssen, so kann ich Sie beruhigen. Es gibt keine pflanzlichen Lebensmittel, die von Natur aus für den Menschen verwertbares Vitamin B_{12} liefern – auch Algen tun dies nicht, sie können sogar mit Schadstoffen belastet sein. Auch für eine regelmäßige und standardisierte Jodversorgung sind Algen nicht geeignet.

!

Keine Sorge – Algen müssen zukünftig nicht auf Ihrem Speisezettel stehen.

Amarant: Amarant ist ein in Zentral- und Südamerika heimisches Pseudogetreide und gehört zu den ältesten Kulturpflanzen unserer Erde. Die kleinen Körner sind reich an Eiweiß, Eisen und Zink. Amarant hat mehr Eigengeschmack als Hirse oder Quinoa.

Bindemittel: Die vegane Küche kommt erstaunlich unproblematisch ohne Ei und Gelatine aus. In der Theorie kommt zum Andicken und Binden eine Vielzahl von Produkten in Betracht: Agar, Banane, Chiasamen, Johannisbrotkernmehl, Carrageen, Guarkernmehl, Kartoffel, Maniok (ein südamerikanisches Wolfsmilchgewächs mit stärkehaltiger Wurzel), Mehl, Pektin, Speisestärke. Keine Panik – in unserer praktisch orientierten veganen Küche kommen wir mit nur zwei Zutaten, nämlich Johannisbrotkernmehl und Speisestärke, aus. Beide sind absolut „verbindlich" und in der Handhabung besonders einfach!

Bindobin: siehe Johannisbrotkernmehl.

Lesetipp: Sigrid Steeb, Vegetarisch Gesund. Schlütersche Verlagsgesellschaft, 2. Auflage

Brot: Obwohl Brot typischerweise mit veganen Zutaten auskommt, sind in vielen Broten Milchprodukte oder Schmalz enthalten. Deshalb schauen Veganer auch hier auf die Zutatenliste. Oder sie backen ihr Brot selbst (ein leckeres Sauerteigbrot-Rezept finden Sie in meinem Buch „Vegetarisch.Gesund").

Carrageen: Carrageen wird aus Rotalgen gewonnen. Es dient als Binde- und Verdickungsmittel und findet sich in Milchprodukten, Desserts, Marmelade, Zahnpasta u. v. m.

Chiasamen: Die Samen einer mexikanischen Salbeipflanze enthalten 20 Prozent Eiweiß und alle essenziellen Aminosäuren. Für Veganer besonders interessant ist jedoch der hohe Gehalt an Omega-3-Fettsäuren: Chia ist die Pflanze mit dem höchsten Gehalt! 25 g Chia (2 gute EL) enthalten 5 g Omega-3-Fettsäuren und nebenbei stolze 7 g Ballaststoffe, 4 g Eiweiß und 200 mg Kalzium sowie reichlich zellschützende Antioxidantien. Grund genug, Chia regelmäßig ins Müsli (oder in andere Speisen) zu rühren! Im Gegensatz zu Leinsamen müssen Chiasamen nicht gemahlen werden, um vollständig vom Körper aufgenommen werden zu können. Schwarze und weiße Chiasamen sind nährstoffgleich.

Dinkelmilch/Dinkelsahne: Herstellung siehe Getreidemilch.

Ei-Ersatz: Sojavollmehl enthält wie Eigelb Lezithin, das eine gute Bindekraft besitzt. 1 EL Sojavollmehl, mit 2 EL Wasser glatt gerührt, ersetzt 1 Ei. Noch einfacher geht's mit Speisestärke und Wasser (Stärke ist besser lagerfähig als Sojamehl, welches aufgrund seines Fettgehalts ranzig werden kann). Wichtig ist, Mehl bzw. Stärke und Wasser immer vor der Zugabe glatt zu rühren (nicht getrennt zugeben!).

In Reformhaus und Bioladen gibt es Ei-Ersatzpulver, z. B. „no egg" oder Eiersatz von 3 Pauly zu kaufen.

Essig: Weinessig kann mit Gelatine geklärt worden sein. Vegane Essige stehen im Bioladen bzw. Reformhaus sowie im Internet (Einkaufsguide auf www.peta2.de).

Gemüsebrühe: Oft sind darin Glutamat (umstrittener Geschmacksverstärker) und Milchzucker enthalten. Wählen Sie ein veganes Gemüsebrühpulver oder bereiten Sie Ihr garantiert veganes Gemüsebrühpulver selbst zu: 500 g frisches Suppengemüse würfeln, pürieren, mit 50 g Salz mischen, auf einem mit Backpapier ausgelegten Backblech 8 Stunden bei 75 °C Ober- und Unterhitze trocknen. Das gut getrocknete Pulver in Schraubgläsern aufbewahren.

Getreidemilch/Getreidesahne: Durch Auspressen eingeweichter Getreidekörner oder -flocken wird ein milchiger Saft gewonnen, der in dünner Form als Milch, in konzentrierterer Form als Sahne angeboten wird. Verbreitete Sorten sind Dinkel-, Hafer- und Reismilch.

Da in der EU nur Kuhmilch als „Milch" verkauft werden darf, wird Getreide- wie auch Nussmilch in der Regel als „Drink" deklariert. Die Fettgehalte der Drinks liegen wie die von Milch zwischen 1 bis 3 Prozent. Teilweise sind die Drinks zusätzlich mit Kalzium und Vitamin B_{12} angereichert.

Guarkernmehl: Das Bindemittel wird aus dem Samen der Guarbohne gewonnen. In kleinen Mengen gilt es (außer bei Allergie) als unbedenklich.

!

Gut zu wissen: Flocken enthalten alle Nährstoffe des Korns.

Hafer: Hafer eignet sich nur sehr eingeschränkt zum Backen. Deshalb kommt er gerne in Form von Flocken auf unseren Tisch und bereitet uns im Müsli einen gesunden Start in den Tag. Hafer versorgt uns mit einer Extraportion Zink.

Hafermilch/Hafersahne: Herstellung siehe Getreidemilch. Hafermilch und Hafersahne passen geschmacklich besonders gut zu Müsli mit Haferflocken wie auch zu Suppe oder Eintopf.

Hirse: Hirse, auch die Hirseflocke, enthält wie Amarant, Quinoa und Sojabohne alle essenziellen Aminosäuren. Außerdem ist sie reich an Eisen. Sie quillt beim Kochen erheblich auf, fast so wie im Märchen vom Hirsebrei beschrieben. Hirse hat jahrhundertelang zum gesunden Überleben unserer Vorfahren beigetragen!

Johannisbrotkernmehl: Dieses Bindemittel entsteht, wenn die harten Samen des Johannisbrotbaums zu Pulver gemahlen werden. Das weiße Pulver ist unter dem Warennamen Bindobin (von Tartex) in Reformhaus bzw. Bioladen erhältlich. Es wird sehr sparsam verwendet und gleicht von daher den höheren Preis schnell wieder aus (1 g, mit dem beiliegenden kleinen Messlöffel abgemessen, reicht zum Andicken von 100 ml kalter oder warmer Flüssigkeit). Probieren Sie es unbedingt aus!

Kakaobutter: Kakaobutter wird durch Abpressen von Kakaokernen oder Kakaomasse gewonnen. Sie enthält überwiegend gesättigte Fettsäuren, ist gut lagerfähig und sieht gelblich aus. Ihr Geschmack erinnert an weiße Schokolade. Ihr Einsatz bietet sich bei Desserts an. In der warmen Küche hingegen bietet die (teure) Kakaobutter meines Erachtens keinen Vorteil gegenüber den preiswerteren Fetten wie Palmin, Margarine oder Ölen.

Käse: Wilmersburger Käse ist der erste vegane Käse, mit dem ich einverstanden bin. Es gibt ihn in Scheiben oder Raspeln, classic oder gewürzt. Er lässt sich auch gut einfrieren. Schmelztipps und Bezugsquellen finden Sie unter www.wilmersburger.de.

Kokosmilch: Kokosmilch wird aus dem weißen Fruchtfleisch der Kokosnuss hergestellt. Sie ist aufgrund ihres Fettreichtums nicht als Milchersatz geeignet. Ihr Anteil gesättigter Fettsäuren wird bezüglich der veganen Gesundheit kontrovers diskutiert.

Rezepte, die mit Kokosmilch verfeinert werden, überraschen immer wieder. Sie finden sie in Tetrapak oder Dose im Spezialitenregal Ihres Supermarkts. Falls die Kokoscreme sich abgesetzt hat, schlagen Sie sie vor der Verwendung mit einem Schneebesen auf. Kokoscreme kann auch eingefroren werden.

Mandelmilch/Mandelsahne: Geschälte Mandeln werden in heißem Wasser eingeweicht, püriert und gefiltert. Mandelmilch wurde schon im Mittelalter getrunken und ist in Sizilien besonders beliebt. Sie schmeckt auch in Tee oder Kaffee; Mandelsahne lässt sich aufschlagen.

Margarine: Margarine kann Joghurt, tierisches Vitamin D und Milchzucker enthalten. Schauen Sie daher auf die Zutatenliste und fragen Sie falls nötig beim Hersteller nach. Grundsätzlich kann Vitamin D aus Hefezellen oder Pflanzen gewonnen und Milchzucker chemisch hergestellt werden. Auf meine Nachfrage hinsichtlich „Deli Reform Das Original" wurde mir vom Hersteller mitgeteilt, dass diese Margarine vegan ist (laktosefrei; Vitamin D aus Sonnenblumen).

!

Margarine ist nicht von Haus aus vegan – lesen Sie die Zutatenliste.

Mayonnaise: Vegane Mayonnaise und Salatcreme können Sie ganz einfach selbst herstellen, ein Rezept finden Sie auf Seite 141.

Nudeln: Nudeln brauchen kein Ei. Die besten Nudeln – nur aus Hartweizen, Wasser und Salz – stellen die Italiener her. Greifen Sie im Supermarkt zu diesen Produkten! Auch mit Ihren selbst gemachten Spätzle werden Sie überzeugen (Rezept auf Seite 102)!

Nussmus: Nussmus lässt sich ganz einfach und kostengünstig selbst herstellen (ein Rezept finden Sie auf Seite 60). In Verbindung mit Rapsöl liefert es wertvolle Vitamine, Mineralien, Spurenelemente und Omega-3-Fettsäuren. Es erspart Ihnen das Nussknacken bzw. -hacken für das Morgenmüsli.

!

Quinoa ist kein Getreide, sondern zählt wie Amarant zum Pseudogetreide.

Quinoa: Quinoa wird auch Inkakorn oder Andenhirse genannt. Die kleinen Körner stammen aus einer Pflanze, die mit Spinat und Mangold verwandt ist und in den südamerikanischen Anden bis in 4000 Metern Höhe wächst. Sie hat mit ihrem Eiweiß- und Mineralstoffreichtum über Jahrtausende die dort lebenden Völker ernährt. Kochen Sie Quinoa in Suppe oder Eintopf mit und beobachten Sie, wie dabei die kleinen Keimlinge austreten!

Reismilch: Vollkornreis wird gemahlen, mit Wasser gekocht, dann fermentiert und gefiltert. Besonders lecker finde ich die Kombination mit Kokosmilch als Reis-Kokos-Drink.

Schmalz: Veganes Schmalz steht tierischem Schmalz geschmacklich in nichts nach. Sie erhalten es in Bioladen und Reformhaus oder von Deli Reform im Supermarkt.

Seidentofu: Seidentofu hat einen höheren Wasseranteil als Tofu, wodurch eine puddingartige Konsistenz entsteht. Er eignet sich besonders für die Zubereitung von Süßspeisen, Torten und Dips.

Seitan: Wenn ein Weizenteig unter Wasser geknetet wird, so wird ihm ein Großteil seiner Stärke entzogen und es bleibt eine eiweißreiche Masse übrig, das Gluten (Weizeneiweiß). Durch Kochen erhält es eine fleischähnliche Konsistenz. Marinaden, Gewürze und Soßen bringen Geschmack an den in Form geschnittenen Seitan (Gyros, Schnitzel, Hack). „Fu" (chin. = Gluten) ist die getrocknete Variante.

Senf: Herkömmlicher Senf enthält in der Regel Weißweinessig, und Essig kann mit Gelatine geklärt sein. Veganer Senf steht in Bioladen und Reformhaus und im Internet (Einkaufsguide auf www.peta2.de).

Sojagranulat: Wird Tofu getrocknet und zerkleinert, so erhält man je nach Feinheitsgrad Sojagranulat oder Sojaschrot. Hiermit zaubern Sie im Nu eine leckere Soja-Bolognese (das Rezept finden Sie auf Seite 146), die auch Nichtveganern schmeckt!

Sojajoghurt: Wird Sojamilch fermentiert, so entsteht Sojajoghurt (kurz: Sojaghurt bzw. Yofu). Sojajoghurt gibt es in verschiedenen

Geschmacksrichtungen, teilweise angereichert mit Vitamin D oder Vitamin B_{12}.

Sojamilch/Sojasahne: Eingeweichte Sojabohnen werden mit Wasser zu einer milchigen Flüssigkeit gepresst. Sojasahne wird genauso, nur konzentrierter hergestellt. Sie erhalten sie im gut sortierten Supermarkt (häufig unter dem Begriff „cuisine"), ansonsten in Reformhaus oder Bioladen. Sojasahne ist fettärmer als Sahne (17 Prozent statt 31 Prozent) und prima zum Verfeinern von Speisen geeignet. Auch lässt sie sich halbfest aufschlagen. Alternativ können Sie in fast allen Rezepten Hafer- und Mandelsahne verwenden.

Speisestärke: Egal, ob aus Kartoffeln oder Getreide gewonnen – Stärke macht sich stark zum Binden Ihrer Bratlinge, Eintöpfe und Soßen. Sie möchte jedoch gut verrührt und mitgekocht werden.

!

Vorsicht: Erdnussallergiker können auch auf Lupine reagieren!

Süßlupine: Die gelblichen Kerne dieser bei uns heimischen Hülsenfrucht sind ebenso eiweißreich wie die der Sojabohne – sie enthalten bis zu 40 Prozent Eiweiß und alle essenziellen Aminosäuren! Der Süßlupine wurden durch Züchtung die Bitterstoffe entzogen. In Reformhaus und Bioladen finden Sie Lupinenschrot oder Lupinen-Fertigprodukte wie Bratlinge oder Schnitzel.

Tahin: Tahin ist eine im Orient vielseitig verwendete, außerordentlich kalziumreiche Sesampaste. Für Hummus, einen arabischen Kichererbsendip, ist Tahin unentbehrliche Zutat. Außerdem kann diese Sesampaste Soßen, Dips, Suppen und Müsli anreichern. Ein Rezept finden Sie auf Seite 60.

Tempeh: Eingeweichte Sojabohnen werden mit Schimmelpilzen beimpft und gebrütet. Tempeh liefert viel Eiweiß und Ballaststoffe und wird normalerweise in Salzwasser oder einer würzigen

Soße mariniert und in heißem Öl gebacken oder frittiert. Mich hat es allerdings nicht richtig überzeugt.

Tofu: Die Herstellung von Tofu, auch Sojakäse oder Bohnenquark genannt, ähnelt der Milchkäseherstellung, jedoch mit dem Unterschied, dass zur Gerinnung kein tierisches Lab verwendet wird. Tofu ist ein ursprünglich chinesisches Lebensmittel, das heute in ganz Asien als Grundnahrungsmittel verbreitet ist. Bei dosiertem Verzehr sind für uns Europäer keine nachteiligen Wirkungen durch die enthaltenen Pflanzenöstrogene zu erwarten.

Wein: Wein kann mit Gelatine geklärt sein. Deshalb scheint es nur auf den ersten Blick verwunderlich, wenn man auf einer Flasche Wein den Hinweis „vegan" entdeckt (Bio-Laden).

Zuckerrübensirup: Zuckerrübensirup ist das eisenreichste Lebensmittel, das ich kenne. Der Eisengehalt liegt chargenabhängig bei etwa 10 bis 20 mg pro 100 g. Dieser dunkle Sirup wird aus dem Saft von heimischen Zuckerrüben hergestellt. Er schmeckt gut auf Brot oder Pfannkuchen und eignet sich als Würze für Schwarzbrot. Das passende Rezept finden Sie auf Seite 68.

Kleine Rübenstory

Als Kind und junge Frau litt ich oft unter Eisenmangel und Blutarmut. „Ziehen Sie mit dem Kind aufs Land", riet der Kinderarzt in Köln meinen Eltern, „dann gibt sich das." Wir zogen aufs Land. In den Jahren danach war mein Blutbild gut. Jedoch nicht durch die Landluft, sondern, wie mir erst vor einigen Jahren klar wurde, durch die unzähligen Rübenkrautstullen, die unsere Oma uns durch die Küchentür zur Spielpause nach draußen reichte. Und so paradox es klingen mag: Erst mit knapp 40 Jahren, als ich Vegetarierin wurde, hörte der Eisenmangel endgültig auf!

Vegane Alternativen

Falls Sie denken, ohne Milch, Sahne, Butter und Ei würde das Essen karg und ärmlich auf dem Teller daherkommen, so täuschen Sie sich gewaltig. Vegan essen hat nichts mit Verzicht zu tun – im Gegenteil, die vegane Auswahl an Alternativen zum Kochen ist ausgesprochen vielfältig. Sie können die veganen Alternativen, sofern Sie es wünschen, in den Rezepten auch gegeneinander austauschen. Probieren Sie es aus!

TIERISCHES PRODUKT	VEGANE ALTERNATIVEN
Butter	Margarine Palmfett, Kokosfett, Kakaobutter Albaöl veganes Schmalz Pflanzenöle
Milch	Sojadrink, Soja-Vanille-Drink Haferdrink, Dinkeldrink Reisdrink, Reis-Kokos-Drink Mandeldrink, Haselnussdrink
Joghurt	Sojajoghurt natur Sojajoghurt Vanille/Schoko/Obst
Quark	Abgetropfter Sojajoghurt (in ein Sieb mit Tuch geben, im Kühlschrank einige Stunden abtropfen lassen) oder Seidentofu
Sahne und Co.	Sojasahne Hafersahne Mandelsahne Cremige Kokosmilch
Käse	Veganer Käse, z. B. Wilmersburger Käse Soja-Schmelzkäse

TIERISCHES PRODUKT	VEGANE ALTERNATIVEN
Ei	Ei-Ersatz aus dem Reformhaus oder 1 EL Sojavollmehl, verrührt mit 2 EL Wasser oder 2 EL Speisestärke, verrührt mit 2 EL Wasser
Fleisch	Sojafleisch oder Seitan getrocknet (Granulat, Schrot, Schnetzel, Würfel, Scheiben) Tofu oder Seitan natur oder mariniert Süßlupine Tempeh
Gelatine	Johannisbrotkernmehl Guarkernmehl Carrageen Agar
Honig	Ahornsirup Agavendicksaft Zuckerrübensirup

Vegane Extras

Da die vegane Ernährung relativ kalorien- und fettarm ist, ist häufiger ein Extra erlaubt, das die Nährstoffe des Rezepts mühelos und auf leckerste Art und Weise anreichert. Als zusätzliche Extras eignen sich:

- Baguette, Brötchen, Fladenbrot oder Vollkornbrot.
- Ein wohlschmeckendes Öl zum Eintunken. Dazu das Öl in einem Schälchen auf den Tisch stellen, eventuell gewürzt mit Salz, Pfeffer, Knoblauch. Meine liebsten Würzöle sind Sesamöl (unbedingt aus geröstetem Sesam), Olivenöl und das sehr teure Arganöl (Letzteres nur für Salat). Kennen Sie Ihre liebsten Öle schon?
- Vegane Dips oder veganes Schmalz.

- Pesto nicht nur zu Pasta, sondern auch als Klecks auf Suppe, Gemüse oder Brot.
- Nüsse, Samen und Kräuter zum Bestreuen von Gemüse, Suppe, Pizza und Püree, z. B. Walnüsse für die Extraportion Omega-3-Fettsäuren oder Sonnenblumenkerne (gerne geröstet) für die Extraportion Vitamin E. Erdnüsse, Sesam, Oliven – was Saison und Vorratsschrank eben so bieten. An Kräutern frisches Basilikum, in Streifen geschnittener Rucola, heimische Petersilie und vieles mehr.
- Und wollen Sie Ihre Lieben besonders verwöhnen und richtig schön schlemmen, stellen Sie gleich mehrere Extras auf den Tisch. Ihre Familie und Gäste werden es lieben, sich hieran zu bedienen!

Auf die Schnelle

In der heutigen Zeit sind schnelle Rezepte und ab und zu Fastfood oder Fixprodukte unsere wertvollsten Küchenhelfer. Für die ungefähre Schätzung Ihres Zeitbedarfs enthält jedes Rezept eine Zeitangabe für die Zubereitungsdauer. Sie werden jedoch bald feststellen, dass die meisten Rezepte vom Ablauf her sowieso praktikabel sind, sodass sie Ihnen leicht von der Hand gehen werden. Für den besseren Überblick sind die Rezepte deshalb auch in die Rubriken „Einfach" und „Aufwendiger" unterteilt. Manche enthalten zusätzlich einen „Auf die Schnelle"-Hinweis.

Warum Konserven und Fixprodukte?

Viele Veganer lehnen industriell verarbeitete Produkte ab und verwenden ausschließlich frische, unverarbeitete Zutaten. Weil meine Freizeit als Ärztin knapp bemessen ist und abhängig von der Jahreszeit setze ich hingegen manchmal bewusst Konserven ein. Tomaten aus der Dose oder Tomatenpüree aus dem Tetrapak übertrumpfen im Winter frische Tomaten sogar mit ihrem Lykopingehalt (Lykopin ist ein roter Pflanzenstoff, der uns in gewisser Weise vor Krebs schützt). Genauso stehe ich zu Hülsenfrüchten aus der Dose, die so manches Rezept erheblich beschleunigen und ihre wertvollen Eiweiße und Ballaststoffe noch in vollem Umfang enthalten. Natürlich können Sie die Konserven aber gerne durch frische Tomaten ersetzen bzw. durch getrocknete Hülsenfrüchte, die Sie zuvor einweichen und kochen. Statt der angegebenen Tiefkühl-Kräuter, die übrigens ebenfalls noch die vollen Nährstoffe enthalten, können Sie selbstverständlich auch frische Kräuter verwenden.

Rund ein Drittel der in diesem Buch enthaltenen Rezepte enthalten Sojaprodukte wie Sojasahne oder Tofu. Aufgrund ihrer energieaufwendigen Verarbeitung und der enthaltenen Zusatzstoffe müssen sie – ebenso wie Süßlupine in getrockneter Form sowie stärker verarbeitete Fleischersatzprodukte – als nicht vollwertig eingestuft werden. Meines Erachtens können sie jedoch den Einstieg in eine vegetarische bzw. vegane Ernährung erheblich erleichtern. Danach sollten sie nur noch ab und zu auf dem Speiseplan stehen. Im Übrigen können Sie Sojasahne in fast allen Rezepten durch Mandel- oder Hafersahne ersetzen.

DIE REZEPTE – LECKERES AUS IHREM PRIVATEN VEGANEN KOCHSTUDIO

Sie wissen jetzt, warum vegane Kost so gesund ist und worauf Sie beim Zubereiten und Kochen achten sollten. Dann kann es endlich losgehen: Ziehen Sie die Küchenschürze an und kochen Sie sich nach Lust und Laune durch die folgenden Rezepte, lassen Sie sich von ungewohnten Kompositionen überraschen und sehen Sie in Ihrer eigenen Küche, wie einfach es ist, aus rein pflanzlichen Zutaten die köstlichsten Gerichte zu zaubern. Dann werden selbst eingefleischte Fans der traditionellen Küche zugeben müssen, dass veganes Essen in Sachen Genuss locker mithalten kann!

Abkürzungen und Hinweise

B   = Ballaststoffe
Bindobin = Johannisbrotkernmehl
              (Reformhaus)
°C   = °Celsius
ca.   = circa
E   = Eiweiß
EL   = Esslöffel (1 EL = ca. 10 ml)
F   = Fett
g   = Gramm
gestr.   = gestrichen
K   = Kohlenhydrate
kcal   = Kilokalorien
ml   = Milliliter (1 Liter = 1000 ml;
              100 ml = ca. 100 g)
P.   = Päckchen
TK   = Tiefkühl (1 EL TK-Kräuter =
              ca. 6 g)
TL   = Teelöffel (1 TL = ca. 5 ml)

1 TL Salz: immer nur gestrichen voll
1 TL getrocknete Kräuter: immer leicht
gehäuft
1 TL Gemüsebrühpulver: Dosierungs-
anweisung Ihres Produkts für 250 ml Brühe
beachten

Die Gewichtsangaben für Gemüse gelten,
soweit nicht anders vermerkt, immer für
fertig geputztes bzw. geschältes Gemüse.

Die Nährwerte der Rezepte sind pro Person,
pro Stück oder pro 100 g angegeben.

Zutaten, die wahlweise hinzugefügt werden
können, Rezeptabwandlungen und Servier-
vorschläge sind in den Nährwertberechnun-
gen nicht enthalten.

Sojasahne kann in fast allen Rezepten nach
Belieben durch Mandel- oder Hafersahne
oder eine Mischung daraus ersetzt werden.

Selbst gemachte Vorräte

Chiaquelle: Geben Sie 50 g Chiasamen zum
Quellen in 300 ml kaltes Wasser. Rühren Sie
pro Person täglich 2 EL in Müsli, Suppe oder
Gemüse. Im Kühlschrank ist die Chiaquelle bis
zu 3 Wochen haltbar.

Nussmus: Mischen Sie 50 g gemahlene
Mandeln oder Haselnüsse mit 30 ml Rapsöl.
Bewahren Sie das Mus im Kühlschrank auf, so
haben Sie stets ein supergesundes Topping
für Ihr Müsli parat.

Tahin: Mischen Sie 50 g gemahlene Sesam-
samen mit 30 ml Rapsöl. Bewahren Sie das
Mus im Kühlschrank auf. Es ist wie Nussmus
ein gesundes Topping fürs Müsli.

MÜSLI

Ananasmüsli
einfach, fettreich

Zubereitungszeit: 15 Minuten

Eine Portion enthält:
383 kcal, 6 g E, 22 g F, 38 g K, 4 g B

Zutaten für 2 Portionen
200 g cremige Kokosmilch (aus der Dose)

100 ml Ananassaft (von Dosenananas)

170 g Ananasstücke (Dose)

60 g Vollkornhaferflocken

Zubereitung
Kokosmilch und Ananassaft mit einem Schneebesen verschlagen, Ananasstücke und Flocken unterheben und 10 Minuten quellen lassen.

Apfelmüsli
einfach, fettmoderat

Zubereitungszeit: 60 Minuten

Eine Portion enthält:
292 kcal, 15 g E, 9 g F, 19 g K, 6 g B

Zutaten für 4 Portionen

200 g Fünfkornflocken

200 ml Haferdrink

200 ml Apfelsaft

4 EL Sojasahne

200 g Äpfel (gewürfelt)

Zubereitung

Alle Zutaten mischen und 45 Minuten quellen lassen. Eventuell mit Zucker oder Ahornsirup süßen.

TIPP

Mit einem warmen Grießpudding dazu haben Sie eine kleine süße Hauptspeise.

Knuspermüsli
aufwendiger, fettmoderat

Zubereitungszeit: 45 Minuten

Eine Portion enthält:
168 kcal, 1 g E, 9 g F, 12 g K, 2 g B

Zutaten für 300 g

5 EL Rapsöl

1 gehäufter EL Ahornsirup (30 g)

½ TL Zimt

150 g Vollkornhaferflocken

50 g Sonnenblumenkerne

50 g Mandelstifte

Backpapier

Zubereitung

1 Öl, Ahornsirup und Zimt verschlagen und die restlichen Zutaten unterrühren.

2 Das Müsli auf einem mit Backpapier ausgelegten Backblech verteilen. Ca. 20 Minuten bei 180 °C Heißluft (untere Ebene, nicht vorgeheizt) rösten.

3 Nach dem Erkalten zerbröseln und in eine Vorratsdose füllen.

TIPPS

Das Müsli mit Sojajoghurt oder Hafermilch und Apfelstücken mischen und einige Minuten ziehen lassen. Es eignet sich auch zum Verzieren von Desserts oder Torten. Auf die gleiche Weise lassen sich auch Nüsse (Walnüsse, Mandeln usw.) karamellisieren.

Flockenbrei (warm)

einfach, fettarm

Zubereitungszeit: 10 Minuten

Eine Portion enthält:
370 kcal, 13 g E, 9 g F, 70 g K, 10 g B

Zutaten für 1 Person

200 ml Hafer- oder Sojadrink

80 g Getreideflocken (Dinkel, Hirse, Hafer, Reis)

1–2 TL Zucker oder Ahornsirup

Zubereitung

Den Drink mit der Hälfte der Flocken 2 Minuten im geschlossenen Topf köcheln lassen. Den Topf vom Herd nehmen, restliche Flocken und Zucker unterrühren und 5 Minuten im geschlossenen Topf quellen lassen.

VEGANES EXTRA

Am Tisch nach Wunsch Nüsse und Obst unterheben.

Frischkornbrei

aufwendiger, fettarm

Zubereitungszeit: 5 Minuten
Einweichzeit: 18 Stunden

Eine Portion enthält:
166 kcal, 7 g E, 3 g F, 29 g K, 4 g B

Zutaten für 4 Personen

20 g Haferschrot

20 g Gerstenschrot

20 g Roggenschrot

20 g Weizenschrot

500 ml Sojajoghurt natur (z. B. Sojade)

1 Banane

1 Apfel

1 Mandarine

Zubereitung

Den Getreideschrot in den Joghurt einrühren und etwa 18 Stunden im Kühlschrank quellen lassen. Vor dem Verzehr das klein geschnittene Obst unterheben.

VEGANE ALTERNATIVE

Alternativ können Sie 80 g geschrotetes Fünfkorngetreide verwenden.

BROT UND AUFSTRICHE

Brot und Brötchen Grundrezept
aufwendiger, fettmoderat

Zubereitungszeit: 16 Stunden

Ein Laib Brot enthält:
3056 kcal, 103 g E, 42 g Fett, 700 g K, 73 g B
Ein Brötchen enthält:
255 kcal, 9 g E, 4 g Fett, 58 g K, 6 g B

Zutaten Vorteig
5 g zerbröselte Frischhefe (1 EL)

350 g Weizenmehl Type 405

Zubereitung
Hefe in 250 ml lauwarmes Wasser rühren, 10 Minuten gehen lassen. Das Mehl unterrühren, die Schüssel abdecken und 12 bis 16 Stunden (z. B. über Nacht) bei Raumtemperatur stehen lassen.

Zutaten Brotteig
10 g zerbröselte Frischhefe (2 EL)

5 EL Soja- oder Haferdrink

2 EL Olivenöl

550 g Dinkelvollkornmehl

3 TL Salz

Zubereitung
1   Hefe in 250 ml lauwarmes Wasser rühren, 10 Minuten gehen lassen. Dieses Hefewasser dann mit den übrigen Zutaten in den Vorteig rühren. Den Teig auf bemehlter Fläche 2 bis 3 Minuten kräftig kneten. Der Teig soll dabei noch so viel Mehl aufnehmen, dass er schön geschmeidig ist, aber nicht mehr klebt. Den Teig danach abdecken und 1½ Stunden gehen lassen.
2   Den Teig noch einmal kurz und kräftig kneten, dann entsprechend der Brot- oder Brötchenwahl (siehe nächste Seite) formen und auf ein gefettetes Backblech legen. Mit einem Geschirrtuch abdecken und nochmals 1½ bis 2 Stunden gehen lassen. Dann ca. 20 Minuten bei 230 °C Ober- und Unterhitze (vorgeheizt, mittlere Einschubleiste) backen.

Brot und Brötchen 8-mal anders

Dinkelstangen (3 Stück)
3 längliche Brote formen, auf das gefettete Backblech legen und mit einem scharfen Messer mehrmals diagonal einschneiden.

Zwiebelbrötchen (12 Stück)
100 g Röstzwiebeln unter den Brotteig kneten.

Fitmacherbrötchen (12 Stück)
Den fertigen Brotteig zu einer Rolle formen, in 12 Teile schneiden und jeweils zu Brötchen formen. Auf einem gefetteten Backblech 12 tassenbreite Betten aus Sonnenblumenkernen auslegen, die Brötchen darauf setzen, die Oberflächen mit Sojasahne bepinseln und großzügig mit einer Mohn-Sesam-Mischung bestreuen.

Milchbrötchen (12 Stück)
Sie benötigen den Vorteig und für den abgewandelten Brotteig folgende Zutaten: 250 ml lauwarmer Soja- oder Haferdrink, 10 g Frischhefe, 40 g Margarine, Weizenmehl Type 405, 1 TL Salz, 2 P. Vanillezucker. 20–25 Minuten bei 200 °C Ober- und Unterhitze backen.

Rosinenbrötchen (12 Stück)
Wie Milchbrötchen, zusätzlich 200 g Rosinen in den Teig kneten.

Laugenbrötchen (12 Stück)
Brotteig wie für Milchbrötchen, jedoch ohne Vanillezucker und mit 2 TL Salz herstellen. Dann 1½ Liter Wasser mit 50 g Kaiser Natron (Natriumhydrogenkarbonat) aufkochen, die fertig gegangenen Brötchen nacheinander für 20 bis 30 Sekunden hineinlegen und abkochen, mit einer Schaumkelle herausnehmen und auf ein mit Backpapier ausgelegtes Backblech setzen. Die Oberfläche mit einer Schere kreuzweise einschneiden (1–2 cm tief), mit grobem Salz bestreuen, ca. 20 Minuten bei 250 °C Ober- und Unterhitze backen.

Ciabatta (3 Stück)
Dinkelvollkornmehl durch Weizenmehl Type 405 ersetzen und statt 3 TL 4 TL Salz nehmen.

Baguette (3 Stück)
Dinkelvollkornmehl durch Weizenmehl Type 405, Olivenöl und Soja- bzw. Haferdrink durch Wasser ersetzen. Schmalere Brotrollen formen.

Fladenbrot
aufwendiger, fettarm

Zubereitungszeit: 90 Minuten

Ein Stück enthält:
79 kcal, 2 g E, 2 g F, 13 g K, 1 g B

Zutaten für 1 Brot (12 Stücke)

150 ml lauwarmes Wasser

1 Prise Zucker

½ P. Frischhefe (21 g)

150 g Mehl Type 405

100 g Dinkelvollkornmehl oder Maismehl

2 EL Olivenöl

¾ TL Salz

2 Knoblauchzehen (zerdrückt)

etwas Sojasahne zum Bestreichen

wahlweise Kümmelsamen, Sesam oder getrockneter Oregano

Zubereitung

1 Wasser und Zucker in eine Rührschüssel geben, Hefe hineinbröseln und 10 Minuten stehen lassen. Dann die übrigen Zutaten (bis auf Sojasahne und Samen bzw. Oregano) unterrühren. Den Teig auf einer bemehlten Arbeitsfläche kneten und noch gerade so viel Mehl aufnehmen lassen, dass er schön elastisch ist und nicht mehr klebt. Danach 30 Minuten abgedeckt stehen lassen.

2 Die gegangene Teigkugel erneut kneten, einen tellergroßen Fladen formen, auf ein gefettetes Backblech legen und erneut 15 Minuten gehen lassen.

3 Den Fladen mit Sojasahne bepinseln, mit Kümmelsamen, Sesam oder Oregano bestreuen und mehrmals mit einer Gabel einstechen.

4 Ca. 20 bis 25 Minuten bei 200 °C Heißluft (nicht vorgeheizt) backen (bis der Fladen leicht gebräunt aussieht) und dann auf einem Gitter auskühlen lassen.

Pizzabrot/Stockbrot

Zerdrückten Knoblauch weglassen. Aus dem gegangenen Teig 4 Fladen formen, mit Olivenöl bepinseln, mit gehacktem Knoblauch bestreuen und dann backen. Für Stockbrote 16 Kugeln formen und ohne Öl und Knoblauch auf Holzstöcke stecken.

Focaccia
Italienisches Fladenbrot

Je nach Sorte vor dem Backen mit klein geschnittenen Würzzutaten anreichern:
- **al pomodoro:** 10 g getrockn. Tomaten
- **alle olive:** 10 g Oliven
- **alle cipolle:** 100 g gedünstete Zwiebel

Schwarzbrot
aufwendiger, fettmoderat

Zubereitungszeit: 3½ Stunden

Eine Scheibe enthält:
168 kcal, 5 g E, 5 g F, 20 g K, 4 g B

Zutaten für 1 Brot (20 Scheiben)

360 ml Soja- oder Haferdrink

4 EL Kräuteressig

70 g Zuckerrübensirup

1 P. Frischhefe

100 g Roggenvollkornmehl

100 g Roggenschrot

100 g Dinkelvollkornmehl

100 g Dinkelschrot

100 g Weizenmehl Type 405

70 g Leinsamen

70 g Sesam

70 g Sonnenblumenkerne

2 TL Salz

Backpapier

Aluminiumfolie

Zubereitung

1   Soja- oder Haferdrink, Essig, Sirup und Hefe mit einem Schneebesen verrühren, bis die Hefe ganz aufgelöst ist. Dann die restlichen Zutaten unterrühren.

2   Eine kleine Kastenform mit Backpapier auslegen (die kurzen Seiten frei lassen), den Teig hineinfüllen und das überstehende Backpapier abschneiden. Die Form mit Aluminiumfolie verschließen, sodass ein schön gewölbtes Dach entsteht.

3   Die Form in den kalten Ofen stellen, 3 Stunden bei 140 °C Ober- und Unterhitze backen, dann die Aluminiumfolie entfernen und weitere 15 Minuten backen.

Das Brot erst am nächsten Tag anschneiden!

HINWEIS

Ein praktikables Sauerteigrezept für ein 2-kg-Brot finden Sie in meinem Buch „Vegetarisch.Gesund."

Pfannenbrot

Schottisches Feuerstellenbrot
einfach, fettmoderat

Zubereitungszeit: 15 Minuten

Ein Stück enthält:
600 kcal, 12 g E, 21 g F, 90 g K, 5 g B

Zutaten für 2 Stück

250 g Mehl

1 P. Backpulver

½ TL Salz

150 ml Wasser

4 EL Olivenöl für die Pfanne

Zubereitung

1 Zutaten der Reihe nach verrühren, dann unter Zugabe von etwas Mehl so lange kneten, bis der Teig nicht mehr klebt. In zwei Teile teilen und zu fingerdicken Fladen formen.

2 Im heißen Öl auf beiden Seiten goldbraun backen.

TIPPS

Das Brot schmeckt am besten ganz frisch. Kneten Sie Knoblauch oder Oliven (gehackt) unter den Teig. Sie können auch den Hefeteig vom Fladenbrot (Seite 67) dafür verwenden. Backen Sie das Brot wie früher über einem Lagerfeuer (gusseiserne unbeschichtete Pfannen gibt es bei www.teetraeume.de).

Karamellcreme

einfach, fettreich

Zubereitungszeit: 5 Minuten

100 g enthalten:
556 kcal, 1 g E, 82 g F, < 1 g K, < 1 g B

Zutaten für 350 g

200 g Zuckerrübensirup

100 g Palmin soft

50 g Rapsöl oder Leinöl

Zubereitung

Die Zutaten gut mit einer Gabel vermengen und in ein Schraubglas füllen.
Die Creme ist ca. 2 Wochen haltbar.

Erdnusscreme
einfach, fettreich

Zubereitungszeit: 15 Minuten

100 g enthalten:
656 kcal, 18 g E, 60 g F, 12 g K, 8 g B

Zutaten für 150 g

100 g geröstete und gesalzene Erdnüsse

50 g Margarine

1 TL Zuckerrübensirup oder Ahornsirup

Zubereitung

1 Die Erdnüsse in einer Handmühle mahlen. Falls Sie keine Mühle haben, die Nüsse in einen Gefrierbeutel füllen, diesen verschließen, auf ein Schneidebrett legen und die Nüsse mit der langen, flachen Seite eines Hammers so gut wie möglich zerschlagen. Es macht nichts, wenn noch etwas gröbere Stücke bleiben.

2 Das Erdnussmehl mit den übrigen Zutaten in eine flache Schüssel geben und mit einer Gabel gut vermengen.

GUT ZU WISSEN

Die Creme enthält im Gegensatz zu handelsüblicher Erdnussbutter keine gehärteten Fette, weniger gesättigte Fette und weniger Zucker.

Kapernaufstrich
einfach, fettarm

Zubereitungszeit: 10 Minuten

100 g enthalten:
60 kcal, 6 g E, 3 g F, 3 g K, 1 g B

Zutaten für 180 g

100 g Naturtofu (gewürfelt)

50 g 3-fach konzentriertes Tomatenmark
(oder 70 g 2-fach konzentriertes)

30 g Kapern

¼ TL Salz

¼ TL schwarzer Pfeffer

Zubereitung

Sämtliche Zutaten vermischen und cremig pürieren.

Linsencreme

einfach, fettarm

Zubereitungszeit: 20 Minuten
Kühlzeit: Mindestens 1 Stunde

100 g enthalten:
264 kcal, 10 g E, 17 g F, 18 g K, 7 g B

Zutaten für 250 g

250 ml Gemüsebrühe

100 g getrocknete rote Linsen

4 EL Olivenöl

1 TL Kräuteressig oder weißer Balsamico

1 geh. EL TK-Schnittlauch

¼ TL Kümmelpulver

¼ TL schwarzer Pfeffer

Zubereitung

1   Die Linsen in der Brühe 10–15 Minuten im geschlossenen Topf köcheln lassen,
bis die gesamte Flüssigkeit aufgenommen
ist.

2   Den Topf vom Herd nehmen, restliche
Zutaten zugeben und alles pürieren. Die
Creme in ein Schraubglas füllen und im
Kühlschrank aufbewahren (die Creme fes-
tigt sich erst mit dem Abkühlen).

TIPP

Die Linsencreme schmeckt köstlich auf
Laugenbrötchen. Zwiebelwürfel und Gewürzgurken dazureichen.

Kichererbsenaufstrich

einfach, fettmoderat

Zubereitungszeit: 10 Minuten

100 g enthalten:
226 kcal, 4 g E, 20 g F, 7 g K, 4 g B

Zutaten für 365 g

240 g Kichererbsen (aus der Dose, abgetropft)

6 EL Leinöl oder Rapsöl

2 EL Kräuteressig

2 EL würzige Sojasoße

½ TL Kumin (Kreuzkümmelpulver)

1 Prise scharfes Paprikapulver

2 g Bindobin

2 EL TK-Schnittlauch

2 EL Sesam (20 g, in einer Pfanne ohne Fett geröstet)

Zubereitung

Zutaten von Kichererbsen bis Bindobin mischen, mit einem Kartoffelstampfer zermusen, dann Schnittlauch und Sesam unterheben. Die Paste in ein Schraubglas füllen und im Kühlschrank aufheben.

VEGANES EXTRA

Die Paste auf Brot oder Brötchen streichen und mit Scheiben von Tomaten, Radieschen oder Gurke belegen.

Rote-Bete-Creme

einfach, fettarm

Zubereitungszeit: 10 Minuten

100 g enthalten:
102 kcal, 1 g E, 9 g F, 5 g K, 2 g B

Zutaten für 150 g

100 g gedämpfte Rote Bete (klein gewürfelt)

20 g Walnüsse (gemahlen oder fein gehackt)

1 EL Olivenöl

1 EL Zitronensaft

½ TL Salz

2 g Bindobin

1 EL TK-Petersilie oder Kresse

Zubereitung

Zutaten von Rote Bete bis Salz mit einem Kartoffelstampfer so gut wie möglich zermusen. Zum Schluss Bindobin und Petersilie unterrühren. Die Creme in ein Schraubglas füllen und im Kühlschrank aufbewahren.

VEGANE ALTERNATIVE

Die Walnüsse können Sie durch vegane Meerrettichsahne ersetzen.

Linsenpastete
aufwendiger, fettarm

Zubereitungszeit: 60 Minuten

100 g enthalten:
168 kcal, 4 g E, 13 g F, 10 g K, 2 g B

Zutaten für 600 g

100 g getrocknete braune Linsen
(Tellerlinsen)

1 TL Margarine

50 g Zwiebel (klein gewürfelt)

50 g Möhre (grob geraspelt)

80 g Margarine

1 EL süße Sojasoße

½ TL Salz

1 TL getrockneter Majoran

1 TL Paprikapulver edelsüß

½ TL getrocknetes Basilikum

¼ TL schwarzer Pfeffer

Zubereitung

1 Linsen mit 300 ml Wasser im geschlossenen Topf weich köcheln (kleinste Stufe, ca. 45 Minuten), danach abgießen. Zwiebel und Möhre im Fett bräunen.
2 Linsen, Gemüse und restliche Zutaten pürieren, in ein Schraubglas füllen und im Kühlschrank aufbewahren.

TIPPS

Die Pastete lässt sich portionsweise einfrieren. Dazu passen Essiggurken.

Auberginentatar
aufwendiger, fettarm

Zubereitungszeit: 45 Minuten

100 g enthalten:
70 kcal, 3 g E, 5 g F, 4 g K, 2 g B

Zutaten für ca. 500 g

300 g Aubergine (mit der Schale gewogen)

2 EL Olivenöl

50 g Zwiebel (klein gewürfelt)

eventuell 2 Knoblauchzehen (zerdrückt)

100–150 g Arrabiatasoße (Rezept S. 146,
oder veganes Fertigprodukt)

1 EL Sojavollmehl, verrührt mit 2 EL Wasser

¾ TL Salz

½ TL Kurkuma

Backpapier

Zubereitung

1 Aubergine längs halbieren, mit der Unterseite auf ein mit Backpapier ausgelegtes Backblech legen und 30 Minuten bei 180 °C Heißluft backen. Etwas abkühlen lassen und das Fruchtfleisch herauslöffeln.
2 Zwiebel und Knoblauch im Öl anschwitzen. Auberginenfleisch und übrige Zutaten zugeben und unter Rühren kurz erhitzen. Einige Stunden im Kühlschrank ziehen lassen und gut gekühlt servieren.

Tofu-Gemüse-Aufstrich
aufwendiger, fettmoderat

Zubereitungszeit: 30 Minuten plus Kühlzeit

100 g enthalten:
231 kcal, 4 g E, 22 g F, 6 g K, 1 g B

Zutaten für 375 g

125 g Naturtofu

ca. 150 ml Gewürzgurkenwasser

1 TL Margarine

30 g Möhre (grob geraspelt)

60 g Porree (in feinen Ringen)

100 g vegane Mayonnaise (Rezept S. 141)

30 g Gewürzgurke (in feinen, kurzen Streifen)

2 EL TK-Petersilie

½ TL Salz

½ TL Senf

¼ TL schwarzer Pfeffer

Zubereitung

1 Den Tofu in eigroße Stücke schneiden, jedes Stück im Eierschneider einmal längs und einmal quer stifteln. In eine dicht abschließbare Schüssel geben, das Gewürzgurkenwasser zugeben, den Tofu für 30 Minuten beiseite stellen (die Schüssel ab und zu wenden) und danach abtropfen lassen.

2 Möhre und Porree 2–3 Minuten in der Margarine anschwitzen, dann abkühlen lassen.

3 Aus den restlichen Zutaten eine Marinade rühren, das abgekühlte Gemüse und den abgetropften Tofu unterheben. Den Salat in ein Schraubglas füllen und im Kühlschrank aufbewahren.

TIPP

Den Aufstrich schon am Vortag zubereiten, da er gut durchgezogen am besten schmeckt.

Tomatencreme
einfach, fettmoderat

Zubereitungszeit: 10 Minuten

100 g enthalten:
449 kcal, 1 g E, 48 g F, 3 g K, 1 g B

Zutaten für 250 g
150 g sehr weiche Margarine
1 kleine Zwiebel (klein gewürfelt)
2 gehäufte EL Tomatenmark
(50 g, oder Ketchup)
¾ TL getrocknete Kräuter der Provence

Zubereitung
Alle Zutaten mit einer Gabel oder einem Pürierstab sehr gut vermengen.

Paprikaaufstrich
aufwendiger, fettmoderat

Zubereitungszeit: 60 Minuten

100 g enthalten:
263 kcal, 1 g E, 28 g F, 2 g K, 2 g B

Zutaten für 370 g
1 EL Margarine (15 g)
1 Zwiebel (klein gewürfelt)
½ rote Paprika (klein gewürfelt)
150 g vegane Mayonnaise (Rezept S. 141)
1 gehäufter EL Tomatenmark (3-fach konzentriert)
20 g Gewürzgurke (fein gewürfelt)
2 TL Zitronensaft
1 TL Kräuteressig
¼ TL Salz
½ TL Zucker
¼ TL Cayennepfeffer
4 g Bindobin

Zubereitung
1 Zwiebel und Paprika in der Margarine anschwitzen, bis die Flüssigkeit verdampft ist, dann abkühlen lassen.
2 Übrige Zutaten mit einem Schneebesen verrühren und das Gemüse unterheben. In ein Schraubglas füllen und im Kühlschrank aufbewahren.

Räucherpastete

aufwendiger, fettarm

Zubereitungszeit: 20 Minuten

100 g enthalten:
108 kcal, 4 g E, 3 g F, 9 g K, 2 g B

Zutaten für 440 g

50 g gemahlener Grünkern

2 leicht gehäufte TL Steinpilz-Hefebrühe-Extrakt (Reformhaus)

125 g geräucherter Tofu (gewürfelt)

25 g Margarine

25 g Zwiebel

½ gestr. TL Rosmarin (etwas zerrieben)

100 g Porree (fein geschnitten)

Zubereitung

1 100 ml Wasser aufkochen, vom Herd nehmen, das Grünkernmehl und den Pilzextrakt einrühren und ohne weitere Hitze im geschlossenen Topf ausquellen lassen. Anschließend die Grünkernmasse zusammen mit dem Tofu pürieren.

2 Zwiebel in der Margarine bräunen, dann Rosmarin und Porree mitschwitzen und in die Grünkern-Tofu-Masse einrühren.

3 Die Pastete abkühlen lassen, in ein Schraubglas füllen und im Kühlschrank aufbewahren.

Italienische Bruschetta

einfach, fettarm

Zubereitungszeit: 15 Minuten

Ein Stück enthält:
80 kcal, 2 g E, 3 g F, 12 g K, 1 g B

Zutaten für 12 Stück (als Vorspeise)

400 g Tomaten (entkernt und klein gewürfelt)

2 EL frisches Basilikum (in Streifen)

2 Knoblauchzehen (fein gehackt)

½ TL Salz

¼ TL schwarzer Pfeffer

3 EL Olivenöl

12 Scheiben Baguette

Zubereitung

1 Zutaten von Tomaten bis Öl mischen. Die Baguettescheiben ca. 5 Minuten bei 220 °C Heißluft (nicht vorgeheizt) rösten.

2 Die Tomatenmischung auf den noch warmen Baguettescheiben verteilen, auf einem großen Teller anrichten und sofort servieren.

SALATE

Kartoffelsalat
einfach, fettarm

Zubereitungszeit: 20 Minuten

Eine Portion enthält:
323 kcal, 8 g E, 8 g F, 52 g K, 6 g B

Zutaten für 3 Personen

1 rote Zwiebel (klein gewürfelt)

150 g Gewürzgurken (in kurzen Streifen)

2 TL Gemüsebrühpulver

4 EL Kräuteressig

2 EL Olivenöl

1 TL Maggi

1 kg Pellkartoffeln (in Scheiben)

Zubereitung

Zutaten von Zwiebel bis Maggi mit 200 ml heißem Wasser mischen, die noch warmen Kartoffelscheiben unterheben und sofort servieren.

VEGANE ALTERNATIVE

Gewürzgurken durch 300 g grob geraspelte und abgetropfte Salatgurke ersetzen.

Dicke-Bohnen-Salat
einfach, fettarm

Zubereitungszeit: 15 Minuten

Eine Portion enthält:
245 kcal, 8 g E, 15 g F, 17 g K, 7 g B

Zutaten für 3 Personen

425 g dicke Bohnen (aus dem Glas, abgetropft)

150 g Radieschen (in Scheiben)

100 g Frühlingszwiebeln (mit dem Grün, in Röllchen geschnitten)

Senfdressing

4 EL Olivenöl

2 EL Kräuteressig

1 leicht gehäufter EL Senf

½ TL Salz

½ TL Zucker

¼ TL Pfeffer

Zubereitung

Die Zutaten für das Senfdressing verschlagen. Die übrigen Zutaten unterheben und den Salat frisch zubereitet servieren.

TIPP

Dazu passen Laugenbrezeln.

Bunter Feldsalat

einfach, fettreich

Zubereitungszeit: 15 Minuten

Eine Portion enthält:
538 kcal, 12 g E, 26 g F, 62 g K, 11 g B

**Zutaten für 2 Personen
(als kleine Hauptspeise)**

100 g Feldsalat

100 g Möhre (in schön dünnen Scheiben)

100–150 g Dosenmais (abgebraust)

50 g Zwiebel (in Ringen)

30 g Pistazien (oder geröstete Sonnenblumenkerne)

Öl-Essig-Dressing

3 EL Olivenöl

2 EL weißer Balsamicoessig

2 EL Ahornsirup

1 Knoblauchzehe (zerdrückt)

½ TL Salz

Zubereitung

Das Gemüse der Reihe nach auf zwei tiefe Teller geben und mit den Pistazien bestreuen. Zutaten von Öl bis Salz sowie 2 EL Wasser verschlagen und darüberträufeln.

TIPP

Für andere Salate das Dressing mit nur 1 EL Ahornsirup herstellen.

Brokkolirohkost

einfach, fettreich

Zubereitungszeit: 60 Minuten

Eine Portion enthält:
340 kcal, 6 g E, 31 g F, 9 g K, 5 g B

Zutaten für 4 Personen

1 EL Margarine (25 g)

1 große Zwiebel (klein gewürfelt)

150 g vegane Mayonnaise (Rezept S. 141)

2 EL brauner Balsamicoessig

½ TL Salz

¼ TL schwarzer Pfeffer

3 EL Sonnenblumenkerne (25 g)

2 EL Rosinen (25 g, mit Wiegemesser gehackt)

450 g kleine rohe Brokkoliröschen

Zubereitung

1 Die Zwiebel in der Margarine bräunen. Zutaten von Mayonnaise bis Rosinen mit 3 EL Wasser zu einer Marinade verrühren.
2 Die Zwiebel und Brokkoliröschen unterheben und den Salat mindestens 1 Stunde (besser 24 Stunden) im Kühlschrank ziehen lassen.

TIPP

Mit Baguette als Vorspeise servieren.

Weißkohlrohkost

aufwendiger, fettmoderat

Zubereitungszeit: 20 Minuten

Eine Portion enthält:
237 kcal, 3 g E, 20 g F, 11 g K, 3 g B

Zutaten für 4 Personen

200 ml Sojasahne

5 EL Zitronensaft

¾ TL Salz

½ TL schwarzer Pfeffer

½ TL Kumin (Kreuzkümmelpulver)

1 Apfel (in schmalen Streifen)

200 g Spitzkohl oder Jaromakohl (in feinen Streifen)

50 g Haselnüsse (etwas klein geschnitten)

Zubereitung

Zutaten von Sojasahne bis einschließlich Kumin mischen. Zuerst den Apfel, dann die übrigen Zutaten unterheben.

TIPPS

Der Salat schmeckt gut gekühlt am besten. Wenn Sie den Salat portionsweise auf Brotscheiben verteilen, haben Sie eine kleine Hauptspeise.

VEGANE ALTERNATIVE

Die Haselnüsse können Sie nach Belieben durch Kresse ersetzen.

Rote-Bete-Salat

einfach, fettarm

Zubereitungszeit: 45 Minuten

Eine Portion enthält:
354 kcal, 17 g E, 14 g F, 34 g K, 17 g B

Zutaten für 4 Personen

1 großes Glas Rote-Bete-Scheiben (abgetropft, 430 g)

1 große Dose „Weiße Bohnen mit Suppengrün" (mit der Flüssigkeit, 800 g)

200 g geräucherter Tofu (gewürfelt)

4 EL Olivenöl

1 Zwiebel (gewürfelt)

2 EL Kräuteressig

½ TL Salz

¼ TL schwarzer Pfeffer

25 g TK-Dill oder TK-Schnittlauch

Zubereitung

Die Rote-Bete-Scheiben vierteln. Dann alle Zutaten vermischen und den Salat mindestens 30 Minuten (besser 24 Stunden) ziehen lassen.

TIPPS

Servieren Sie diesen Salat mit Brötchen als kleine Hauptspeise.
Sie können selbstverständlich auch frische Rote Bete würfeln und dämpfen.

Brokkoli-Tomaten-Salat
aufwendiger, fettmoderat

Zubereitungszeit: 30 Minuten

Eine Portion enthält:
166 kcal, 9 g E, 13 g F, 5 g K, 5 g B

Zutaten für 4 Personen

500 g Brokkoli

3 EL Olivenöl

1 Tütchen Salatfix vegan

250 g Tomaten (grob gewürfelt, oder halbierte Kirschtomaten)

20 g gehobelte Mandeln (geröstet)

30 g gemahlene Mandeln

Zubereitung
1 Den Brokkoli bissfest garen und abtropfen lassen.

2 Aus Öl, 3 EL Wasser und Salatfix ein Dressing rühren, den noch warmen Brokkoli und die Tomaten unterheben und auf 4 Teller verteilen. Die Mandeln mischen und über die Salatportionen streuen.

TIPPS

Servieren Sie diesen italienischen Salat mit Baguette als Vorspeise.
Die doppelte Salatmenge reicht mit Brot für 4 Personen als kleine Hauptspeise.
Statt Salatfix vegan können Sie auch selbst ein Salatdressing mischen.

Kretasalat
aufwendiger, fettmoderat

Zubereitungszeit: 20 Minuten

Eine Portion enthält:
187 kcal, 4 g E, 17 g F, 5 g K, 34 g B

Zutaten für 3 Personen

4 EL Olivenöl

2 EL Zitronensaft

2 EL Einlegwasser von schwarzen Oliven

½ TL Salz

¼ TL schwarzer Pfeffer

1 EL TK-8-Kräuter

12 schwarze Oliven

1 rote Zwiebel (in Ringen)

2 Tomaten (in Spalten)

½ gelbe Paprika (in Streifen)

100 g Salatgurke (in Scheiben)

100 g Eisbergsalat (in Streifen)

100 g braune Champignons (in Scheiben)

Zubereitung
Zutaten von Öl bis TK-Kräuter verschlagen, die übrigen Zutaten unterheben und den Salat sofort servieren.

VEGANE ALTERNATIVE

Sie können die Oliven auch weglassen und das Oliven-Einlegwasser durch Balsamicoessig ersetzen.

Linsensalat

aufwendiger, fettarm

Zubereitungszeit: 60 Minuten

Eine Portion enthält:
226 kcal, 12 g E, 9 g F, 22 g K, 6 g B

Zutaten für 4 Personen

125 g getrocknete rote Linsen

300 ml Gemüsebrühe

200 g Tomaten (klein gewürfelt)

200 g Lauchzwiebeln (mit dem Grün, in Ringen)

200 g geräucherter Tofu (klein gewürfelt)

2 EL Rapsöl

2 EL Kräuteressig

½ EL Senf

½ TL Salz

¼ TL schwarzer Pfeffer

Zubereitung

1 Die Linsen im geschlossenen Topf in der Brühe 10 Minuten weich köcheln, abtropfen und abkühlen lassen.

2 Die Linsen mit den restlichen Zutaten mischen und 15 Minuten ziehen lassen.

TIPP

Den Tofu kann man gut im Eierschneider stifteln. Hierzu in eigroße Stücke schneiden und diese einmal längs und einmal quer hineinlegen.

Sauerkrautsalat

einfach, fettarm

Zubereitungszeit: 20 Minuten

Eine Portion enthält:
207 kcal, 7 g E, 12 g F, 15 g K, 3 g B

Zutaten für 4 Personen

100 ml Sojasahne

1 gestr. EL Ahornsirup

200 g mildes Weinsauerkraut (etwas klein geschnitten)

150 g Apfel (in Stiften)

100 g kernlose helle Weintrauben (halbiert)

100 g blaue Trauben (halbiert)

100 g Wilmersburger Käse (gewürfelt)

Zubereitung

Sojasahne und Ahornsirup verschlagen und die restlichen Zutaten unterheben. Den Salat dann sofort servieren.

SUPPEN UND EINTÖPFE

Bunter Bohnentopf

einfach, fettarm

Zubereitungszeit: 40 Minuten

Eine Portion enthält:
165 kcal, 9 g E, 6 g F, 17 g K, 11 g B

Zutaten für 4 Personen

2 EL Rapsöl

2 Zwiebeln (klein gewürfelt)

1 Knoblauchzehe (zerdrückt)

je 1 grüne und gelbe Paprika (klein gewürfelt)

2 TL Gemüsebrühpulver

1 kleine Dose Chilibohnen (mit dem Saft, 400 g)

1 kleine Dose Kidneybohnen (abgetropft, 250 g)

1 kleine Dose „Weiße Bohnen mit Suppengrün" (mit dem Saft, 400 g)

1 Tetrapak Tomatensugo Kräuter (400 g, z. B. von Oro di parma)

Zubereitung

1   Zwiebeln, Knoblauch und Paprika im Öl anschwitzen.

2   Übrige Zutaten sowie 250 ml Wasser zugeben und 20 Minuten im geschlossenen Topf köcheln.

TIPP

Servieren Sie dazu Kräuternockerln (Rezept Seite 133).

VEGANE ALTERNATIVEN

Die kleinen weißen Bohnen durch abgetropfte Riesenbohnen ersetzen.
Wenn kleinere Kinder mitessen, die Chilibohnen durch gebackene Bohnen (Baked beans) ersetzen.

Schwäbische Flädlesupp

einfach, fettarm

Zubereitungszeit: 30 Minuten

Eine Portion enthält:
122 kcal, 5 g E, 5 g F, 16 g K, 6 g B

Zutaten für 2 Personen (als Vorspeise)

750 ml Gemüsebrühe

250 g Suppengemüse (klein gewürfelt)

30 g Dinkel- oder Weizenvollkornmehl

3 EL Sojadrink natur

2 EL Mineralwasser

¼ TL Salz

1 TL Rapsöl für die Pfanne

Zubereitung

1 Das Suppengemüse in der Brühe gar köcheln.

2 Für den Pfannkuchen die Zutaten von Mehl bis Salz verrühren. In einer beschichteten Pfanne zuerst das Öl etwas erhitzen. Dann den Teig zugeben und einen Pfannkuchen backen, dabei einmal wenden. Den Pfannkuchen in ca. ½ cm breite und einige Zentimeter lange Streifen schneiden und in der Suppe servieren.

TIPP

Die Pfannkuchen-Einlage durch 80 g geräucherten Tofu ersetzen.

Grünkernsuppe

einfach, fettarm

Zubereitungszeit: 50 Minuten

Eine Portion enthält:
138 kcal, 4 g E, 8 g F, 11 g K, 2 g B

Zutaten für 4 Personen (als Vorspeise)

50 g Margarine

1 Zwiebel (klein gewürfelt)

60 g Grünkernschrot

800 ml Wasser

4 gestrichene TL Gemüsebrühpulver

50 g Sojasahne

4 Walnüsse (klein gehackt)

2 EL TK-Petersilie

¼ TL schwarzer Pfeffer

Zubereitung

1 Die Zwiebel mit dem Grünkernschrot ca. 2 Minuten in der Margarine anschwitzen. Mit der Gemüsebrühe ablöschen, im geschlossenen Topf 10 Minuten leicht köcheln, ab und zu umrühren.

2 Die übrigen Zutaten vor dem Servieren unterrühren.

Hafersuppe

aufwendiger, fettarm

Zubereitungszeit: 30 Minuten

Eine Portion enthält:
150 kcal, 3 g E, 6 g F, 17 g K, 2 g B

Zutaten für 6 Personen (als Vorspeise)

300 g Kartoffeln (klein gewürfelt)
80 g Hafer
1 Lorbeerblattspitze
1 gehäufter TL Majoran
4 TL Gemüsebrühpulver
200 ml Sojasahne

Zubereitung

1 Die Kartoffeln gar dämpfen und abtropfen lassen. Hafer mit Lorbeer und Majoran fein mahlen (oder in Reformhaus oder Bioladen mahlen lassen).

2 750 ml Wasser mit dem Brühpulver aufkochen, das Hafermehl mit einem Schneebesen einrühren und im geschlossenen Topf kurz köcheln lassen. Dann die Kartoffeln in der Suppe pürieren, die Sojasahne zufügen und zusammen kurz erhitzen.

Amarantcremesuppe

1 rote Zwiebel in 1 EL Margarine anschwitzen. Kartoffeln weglassen, Hafer durch gemahlenen Amarant ersetzen. Köcheln, bis die Suppe ausreichend angedickt ist.

Kürbiscremesuppe

aufwendiger, fettarm

Zubereitungszeit: 40 Minuten

Eine Portion enthält:
96 kcal, 3 g E, 5 g F, 11 g K, 3 g B

Zutaten für 4 Personen (als Vorspeise)

2 TL Gemüsebrühpulver
½ gestr. TL Cayennepfeffer
1 kleine Zwiebel (grob gewürfelt)
250 g Hokkaido-Kürbis (klein gewürfelt)
150 g Kartoffeln (klein gewürfelt)
100 ml Soja- oder Mandelsahne (schaumig geschlagen)
4 TL Balsamicocreme oder Kürbiskernöl
4 EL Schnittlauch

Zubereitung

Zutaten bis einschließlich Kartoffeln mit 350 ml Wasser 20 Minuten im geschlossenen Topf köcheln, dann pürieren und vorsichtig die Sahne unterziehen. In 4 Suppentassen geben, mit Creme oder Öl garnieren und mit Schnittlauch bestreuen.

VEGANE ALTERNATIVEN

Sie können den Kürbis ersetzen durch Brokkoli, Blumenkohl, Möhren, Pastinaken, Süßkartoffeln, grünen Spargel oder Rote Bete.

Gazpacho

Kalte spanische Gemüsesuppe
aufwendiger, fettarm

Zubereitungszeit: 4½ Stunden

Eine Portion enthält:
300 kcal, 11 g E, 18 g F, 21 g K, 7 g B

Zutaten für 4 Personen

300–400 g Salatgurke (klein gewürfelt)

2 grüne und 1 rote Paprika (klein gewürfelt)

100 g Vollkorntoast (ungetoastet,
zerbröselt)

1 Zwiebel (klein gewürfelt)

1 Tomate (gewürfelt)

2 Knoblauchzehen (zerdrückt)

4 EL Olivenöl

2 EL Rotweinessig

2 TL Gemüsebrühpulver

½ TL Salz

40 g gehobelte geröstete Mandeln

Zubereitung

1 Salatgurke und Paprika mischen, 200 g davon zur späteren Dekoration beiseite stellen.

2 Den Rest mit den Zutaten bis einschließlich Salz mit 400 ml Wasser pürieren und für mindestens 4 Stunden (bis 24 Stunden) in den Kühlschrank stellen.

3 Die kalte Suppe auf 4 Teller verteilen. Die Mandeln auf den Außenrändern der Suppe verteilen. Auf die Mitte die zur Dekoration aufgehobenen Gemüsewürfel streuen.

TIPP

Zur Suppe getoastetes Brot oder warmes Baguette servieren.

Schnippelbohnentopf

Luxemburgische Bouneschlupp
einfach, fettarm

Zubereitungszeit: 45 Minuten

Eine Portion enthält:
245 kcal, 5 g E, 12 g F, 28 g K, 5 g B

Zutaten für 5 Personen

4 TL Gemüsebrühpulver

2 TL getrocknetes Bohnenkraut

500 g Buschbohnen

500 g Kartoffeln

4 EL Speisestärke

50 g Margarine

100 ml Sojasahne

Zubereitung

1 Brühpulver, Bohnenkraut und 1,5 Liter Wasser in einen Topf geben.
2 Bohnen und Kartoffeln schön klein schneiden (in etwa ½ cm große Stücke) und zur Brühe geben. Ca. 30 Minuten im geschlossenen Topf köcheln.
3 Mit einem Schneebesen die restlichen Zutaten unterrühren und nur noch kurz durchköcheln.

VEGANE EXTRAS

Geräucherten Tofu klein würfeln, anbraten und portionsweise über die Suppe streuen. Dazu passt ein herzhaftes Roggenbrot mit veganem Schmalz.

Bündner Gerstensuppe

Graupensuppe aus Graubünden
aufwendiger, fettmoderat

Zubereitungszeit: ca. 60 Minuten

Pro Person:
334 kcal, 10 g E, 22 g F, 25 g K, 5 g B

Zutaten für 4 Personen

75 g Margarine

1 Zwiebel (gewürfelt)

150 g Porree (Stange längs vierteln und dann in Streifen schneiden)

150 g Möhren (in dünnen Scheiben)

150 g Knollensellerie (klein gewürfelt)

150 g geräucherter Tofu (½ cm große Würfel)

1 EL Mehl

1 Liter kräftige Gemüsebrühe

200 ml Sojasahne

100 g Gerstengraupen

½ TL Muskatpulver

¼ TL schwarzer Pfeffer

2 EL TK-Petersilie

Zubereitung

1 Gemüse und Tofu in der Margarine anschwitzen, mit dem Mehl bestäuben und mit der Brühe ablöschen. Sojasahne und Graupen zugeben und die Suppe 30 Minuten im geschlossenen Topf köcheln lassen.
2 Den Topf vom Herd nehmen, die Suppe 10 Minuten abkühlen lassen und dann die Gewürze unterrühren.

Ungarischer Hirsetopf

aufwendiger, fettarm

Zubereitungszeit: 45 Minuten

Eine Portion enthält:
354 kcal, 13 g E, 15 g F, 42 g K, 4 g B

Zutaten für 3 Personen

250 ml Gemüsebrühe

150 g Hirse

1 EL Olivenöl

150 g Möhre (gewürfelt)

½ rote Paprika (gewürfelt)

200 g Salatgurke (gewürfelt)

1 TL Kräutersalz

100–150 g Naturtofu (gewürfelt)

150 g Sojasahne (halb steif geschlagen)

2 EL TK-Dill

Zubereitung

1 Die Brühe in einem größeren Topf aufkochen, die Hirse zugeben und im geschlossenen Topf 20 Minuten leise köcheln.

2 In einen zweiten Topf der Reihe nach die Zutaten von Öl bis Tofu schichten und im geschlossenen Topf 20 Minuten dämpfen. Das gedämpfte Gemüse unter die Hirse mischen und kurz erhitzen.

3 Die Sojasahne mit dem Dill verrühren und zum Eintopf servieren.

Fenchelcremesuppe

aufwendiger, fettarm

Zubereitungszeit: 50 Minuten

Eine Portion enthält:
120 kcal, 3 g E, 13 g F, 12 g K, 4 g B

Zutaten für 6 Personen (als Vorspeise)

2 EL Olivenöl

1 große Zwiebel (gewürfelt)

400 g Fenchel (gewürfelt)

200 g Kartoffeln (gewürfelt)

200 ml Sojasahne

100 ml trockener Weißwein

4 TL Gemüsebrühpulver

½ TL Muskatpulver

Zubereitung

Zwiebel, Fenchel und Kartoffeln im Öl anschwitzen, die restlichen Zutaten sowie 500 ml Wasser zugeben, 30 Minuten im geschlossenen Topf köcheln und dann pürieren.

VEGANE ALTERNATIVEN

Kartoffeln lassen sich durch Pastinaken ersetzen.
Fenchel und Kartoffeln können Sie durch 600 g rote Paprika ersetzen.

Kohlsuppe

einfach, fettmoderat

Zubereitungszeit: 40 Minuten

Eine Portion enthält:
254 kcal, 7 g E, 23 g F, 19 g K, 5 g B

Zutaten für 4 Personen

4 EL Rapsöl

1 große Zwiebel (gewürfelt)

1 Knoblauchzehe (zerdrückt)

100 g Getreideschrot (Grünkern, Gerste, Dinkel)

5 TL Gemüsebrühpulver

1 gestr. TL Muskatpulver

400 g Wirsing (klein geschnitten, oder Spitzkohl)

100 ml Sojasahne

2 EL Zitronensaft

1 EL Senf (20 g)

¼ TL Pfeffer

Zubereitung

1 Zwiebel und Knoblauch im Öl anschwitzen, Zutaten bis Wirsing sowie 1 Liter Wasser zugeben und 20 Minuten im geschlossenen Topf köcheln.

2 Restliche Zutaten verschlagen, zugeben und den Eintopf etwas abkühlen lassen.

TIPPS

Dazu schmeckt Vollkorntoast mit veganem Schmalz.
Die Suppe schmeckt aufgewärmt noch mal so gut. Man kann sie dann auch wunderbar mit Spätzle (Rezept S. 102) kombinieren.

VEGANE ALTERNATIVE

Der Schrot kann durch 300 g gewürfelte Kartoffeln ersetzt werden.

Kartoffel-Linsen-Topf
aufwendiger, fettarm

Zubereitungszeit: 60 Minuten

Eine Portion enthält:
376 kcal, 22 g E, 9 g F, 54 g K, 11 g B

Zutaten für 5 Personen

300 g getrocknete braune Linsen

2 EL Margarine (30 g)

300 g Zwiebeln (in Ringen)

400 g Möhren (in Scheiben)

500 g Kartoffeln (in daumendicken Würfeln)

4 TL Gemüsebrühpulver

2 gehäufte EL Tomatenmark (40 g)

50–75 g Senf (nach Geschmack)

2 EL Kräuteressig

150 g Sojasahne (halb steif geschlagen)

reichlich schwarzer Pfeffer

25 g TK-Petersilie

Zubereitung

1 Die Linsen mit 600 ml Wasser 30 Minuten im geschlossenen Topf köcheln (großen Topf nehmen, da das Gericht leicht überschäumt).

2 In einem zweiten großen Topf Zwiebeln, Möhren und Kartoffeln in der Margarine anschwitzen, dann 750 ml Wasser und die Zutaten bis einschließlich Essig zugeben und 15 Minuten im geschlossenen Topf köcheln. Danach die Linsen zum Gemüse geben und weitere 5–10 Minuten köcheln.

3 Den Eintopf auf 5 Teller verteilen, die Sojasahne daraufgeben und mit Pfeffer und Petersilie bestreuen.

Harira

Orientalische Bohnensuppe
aufwendiger, fettarm

Zubereitungszeit: 60 Minuten

Eine Portion enthält:
326 kcal, 15 g E, 12 g F, 39 g K, 15 g B

Zutaten für 4 Personen

2 EL Olivenöl

2 Zwiebeln (klein gewürfelt)

2 Knoblauchzehen (zerdrückt)

80 g Gersten- oder Weizenschrot

1 Liter Gemüsebrühe

100 g 3-fach konzentriertes Tomatenmark
(oder 140 g 2-fach konzentriertes)

1 TL Salz

¾ TL Zimt

1 gestr. TL Korianderpulver

1 Dose Kichererbsen (abgetropft, 265 g)

1 Dose Flageolets (abgetropft, 265 g)

400 g Zucchini (gewürfelt)

200 g Aubergine (gewürfelt)

200 g Sojasahne

3 TL Kräuteressig

schwarzer Pfeffer zum Bestreuen

Zubereitung

1 Zwiebeln und Knoblauch im Öl anschwitzen, den Schrot kurz mitschwitzen und mit der Brühe ablöschen. Zutaten bis einschließlich Kichererbsen zugeben und im geschlossenen Topf 30–40 Minuten leise köcheln. Flageolets, Zucchini und Aubergine zugeben und weitere 5–10 Minuten köcheln.

2 Sojasahne und Essig verrühren. Die Suppe auf Teller verteilen, auf jeden Teller einen Klecks Sojasahne geben und diese mit Pfeffer bestreuen.

GUT ZU WISSEN

Flageolets sind rundliche grüne Bohnen. Sie können durch weiße Bohnen ersetzt werden.

Minestrone

Minestra di fagioli, italienisch
einfach, fettarm

Zubereitungszeit: 30 Minuten

Eine Portion enthält:
341 kcal, 17 g E, 6 g F, 50 g K, 15 g B

Zutaten für 6 Personen

1 große Dose Tomaten (mit dem Saft, 800 g)

400 g Porree (mit dem Grün, in Ringen)

400 g Fenchel (klein geschnitten)

1 Fenchelteebeutel (oder Anis-Fenchel-
Kümmel-Tee)

6 TL Gemüsebrühpulver

200 g kleine rohe Nudeln (wahlweise
Gnocchi, Fusilli, Dischi, Mini-Farfalle)

1 große Dose „Weiße Bohnen mit Suppengrün" (800 g, mit der Flüssigkeit)

2 EL Olivenöl für den Geschmack

Zubereitung

Tomaten in einem Topf mit einem Kartoffelstampfer grob zerkleinern, Zutaten bis
Nudeln und einen Liter Wasser zugeben
und im geschlossenen Topf gar köcheln.
Bohnen zugeben und kurz miterhitzen.
Vor dem Servieren das Olivenöl unterrühren.

VEGANE EXTRAS

Stellen Sie auf den Tisch warmes Ciabatta und
eine kleine Schale mit Olivenöl, das Sie mit
Salz und Pfeffer verrührt haben.

Borschtsch

Rote-Bete-Eintopf aus der Ukraine
aufwendiger, fettarm

Zubereitungszeit: 50 Minuten

Eine Portion enthält:
276 kcal, 8 g E, 15 g F, 17 g K, 8 g B

Zutaten für 6 Personen

4 EL Olivenöl

1 Zwiebel (gewürfelt)

2 Knoblauchzehen (zerdrückt)

200 g Möhren (in Scheiben)

500 g Weißkohl (in kurzen Streifen, oder
Spitzkohl)

700 g Rote Bete (gewürfelt)

1,5 Liter kräftige Gemüsebrühe

100 g Tomatenmark

4 TL Majoran

2 Lorbeerblätter

200 g Kidneybohnen (aus der Dose,
abgebraust)

30 g Senf

2 EL brauner oder weißer Balsamicoessig

200 g Sojasahne

2 EL Kräuteressig

1–2 EL vegane Meerrettichsahne

25 g TK-Petersilie oder TK-Dill

½ TL Salz

¼ TL Pfeffer

Zubereitung

1 Zutaten bis Möhren im Öl anschwitzen. Zutaten bis Lorbeerblätter zugeben und im geschlossenen Topf 30 Minuten köcheln. Den Eintopf 15 Minuten abkühlen lassen und dann Bohnen, Senf und Balsamico unterrühren.

2 Sojasahne und restliche Zutaten mit einem Mixgerät schaumig aufschlagen und getrennt zur Suppe servieren.

TIPPS

Dazu schmeckt Vollkorntoast mit veganem Schmalz.
Den Eintopf schon am Vortag zubereiten, da er gut durchgezogen am besten schmeckt.

NUDELN

Gnocchi
aufwendiger, fettarm

Zubereitungszeit: 30 Minuten

Eine Portion enthält:
305 kcal, 8 g E, 13 g F, 39 g K, 3 g B

Zutaten für 3 Personen (als Vorspeise)

300 g Pellkartoffeln, gegart

20 g Speisestärke, verrührt mit 2 EL Wasser

¾ TL Salz

¼ TL Muskatpulver

100 g Weizenmehl Type 405

Mehl für die Arbeitsplatte

40 g Margarine

1 Knoblauchzehe (zerdrückt)

1 TL Thymian

¼ TL Oregano

¼ TL Majoran

Zubereitung

1 Die Kartoffeln pellen, in eine Schüssel raspeln, Stärke, Salz und Muskat zugeben und gut mit einem Kartoffelstampfer vermengen. Dann das Mehl unterrühren. Einen großen Topf halb mit Wasser füllen und dieses erhitzen, bis es fast kocht (es soll sieden, das heißt, es dürfen nur kleine Bläschen aufsteigen).

2 Den Kartoffelteig auf gut bemehlter Arbeitsplatte portionsweise zu fingerdicken, langen Rollen formen. Mit einem Messer 2 cm breite Stücke abschneiden, mit nassen Händen zu Eiern formen und auf einer Seite mit einer Gabel eindrücken. Dann in das siedende Wasser legen, ab und zu vorsichtig umrühren. Die Gnocchi sind gar, wenn sie an die Oberfläche gestiegen sind. Dann zum Abtropfen herausnehmen.

3 Margarine mit Knoblauch und den Gewürzen in einer beschichteten Pfanne anschwitzen und die Gnocchi darin rundherum anbraten.

TIPPS

Die Gnocchi auf Radicchio anrichten.
Die Pellkartoffeln können vom Vortag sein.
Fertige Gnocchi lassen sich gut einfrieren.

Bunter Nudelsalat

einfach, fettarm

Zubereitungszeit: 30 Minuten

Eine Portion enthält:
159 kcal, 5 g E, 3 g F, 27 g K, 3 g B

Zutaten für 4 Personen

125 g Gabelspaghetti (es gibt auch eifreie Gabelspaghetti; ansonsten andere eifreie kleine Nudeln verwenden)

125 ml Gemüsebrühe

60 g Salatcreme (Rezept S. 140)

1 knapper TL Salz

¼ TL schwarzer Pfeffer

2 EL TK-Petersilie oder TK-Schnittlauch

200 g rote Paprika (klein gewürfelt)

½ Zwiebel (klein gewürfelt)

60–80 g Gewürzgurke (klein gewürfelt)

Zubereitung

1 Die Gabelspaghetti in Wasser kochen und abtropfen lassen.
2 Aus den Zutaten von Brühe bis Petersilie ein Dressing rühren. Die Nudeln mit den restlichen Zutaten und dem Dressing mischen.

TIPP

Der Salat lässt sich prima einen Tag vorher zubereiten.

Wodkanudeln mit Salbei

Vorspeise aus Sizilien
einfach, fettmoderat

Zubereitungszeit: 20 Minuten

Eine Portion enthält:
421 kcal, 13 g E, 16 g F, 48 g K, 2 g B

Zutaten für 6 Personen (als Vorspeise)

400 g Penne oder kurze Makkaroni

75 g Margarine

4 Salbeiblätter oder ½ gestr. TL getrockneter Salbei

200 ml Sojasahne

70 g Tomatenmark (3-fach konzentriert)

½ TL Salz

50 ml Wodka

50 g gemahlene Mandeln

Zubereitung

1 Die Penne in Wasser al dente kochen.
2 In einem Topf Salbei in der Margarine anschwitzen, 100 ml Wasser, Sojasahne, Tomatenmark und Salz zugeben, mit einem Schneebesen umrühren und im offenen Topf aufkochen. Den Topf vom Herd nehmen und Wodka und Mandeln unterrühren.
3 Die abgetropften Nudeln mit der Soße mischen (zuvor die Salbeiblätter entfernen).

Bandnudeln mit Gemüsecreme

einfach, fettarm

Zubereitungszeit: 30 Minuten

Eine Portion enthält:
676 kcal, 27 g E, 13 g F, 113 g K, 8 g B

Zutaten für 4 Personen

500 g Bandnudeln

200 ml Gemüsebrühe

150 g TK-Erbsen

75 g Möhren (gewürfelt)

75 g grüne Bohnen (geschnitten)

200 ml Sojasahne

1 TL Salz

2 EL Zitronensaft oder Kräuteressig

1 TL Margarine

1 große Zwiebel (klein gewürfelt)

2 Knoblauchzehen (zerdrückt)

Zubereitung

1 Die Nudeln in Wasser kochen und abtropfen lassen.

2 Das Gemüse mit der Brühe ca. 10 Minuten im geschlossenen Topf köcheln. Dann Sojasahne, Salz und Zitronensaft zufügen und das Gemüse in der Flüssigkeit pürieren, nochmals kurz erhitzen.

3 Zwiebel und Knoblauch in der Margarine bräunen und zur Soße geben.

Nudeln und Soße getrennt servieren.

Penne mit Pfiff

einfach, fettmoderat

Zubereitungszeit: 20 Minuten

Eine Portion enthält:
485 kcal, 19 g E, 16 g F, 64 g K, 15 g B

Zutaten für 3 Personen

250 g Vollkornpenne

2 EL Olivenöl

2 Zwiebeln (grob gewürfelt)

eventuell 1 Knoblauchzehe (zerdrückt)

1 Dose Pfifferlinge (abgetropft, 165 g)

1 Tetrapak Tomatenpüree (500 g)

100 ml Sojasahne

250 g Tomaten

1 TL Salz

2 Handvoll gemischte frische Kräuter
(z. B. Schnittlauch, Oregano, Thymian)

Zubereitung

1 Die Nudeln in Wasser kochen und abtropfen lassen.

2 Zwiebeln, eventuell auch Knoblauch, und Pilze im Öl anschwitzen. Zutaten bis Salz zugeben und 5 Minuten köcheln.

3 Die abgetropften Nudeln mit der Soße und den Kräutern mischen.

Gemüsenudeln

einfach, fettmoderat

Zubereitungszeit: 30 Minuten

Eine Portion enthält:
451 kcal, 16 g E, 17 g F, 60 g K, 10 g B

Zutaten für 3 Personen

250 g Vollkornpenne oder Spiralnudeln

2 EL Olivenöl

100 g Zwiebel (gewürfelt)

Eventuell 1 TL frischer Ingwer (klein gehackt)

1–2 Knoblauchzehen (zerdrückt)

2 TL getrocknetes Basilikum

200 g Möhre (grob geraspelt)

200 g Zucchini (grob geraspelt)

200 g Tomaten (gewürfelt)

1 TL Salz

2 EL Olivenöl

Zubereitung

1 Die Penne in Wasser kochen und abtropfen lassen.

2 Zutaten von Zwiebel bis Möhre in 2 EL Öl anschwitzen. Zucchini, Tomaten, Salz und 100 ml Wasser zugeben und einige Minuten im geschlossenen Topf garen.

3 Abgetropfte Penne mit dem Gemüse und 2 EL Öl mischen.

VEGANE ALTERNATIVEN

Statt Zucchini können Sie wahlweise Kohlrabi, Sellerie, Zuckerschoten, grüne Bohnen oder grünen Spargel verwenden (jeweils in kleine Würfel bzw. Scheiben geschnitten).

VEGANES EXTRA

75 g geröstete Sonnenblumenkerne zum Bestreuen auf den Tisch stellen.

Kräuternudeln
einfach, fettreich

Zubereitungszeit: 20 Minuten

Eine Portion enthält:
653 kcal, 17 g E, 27 g F, 86 g K, 5 g B

Zutaten für 2 Personen
220 g Tagliatelle oder Spaghetti

1 EL Olivenöl

1 Zwiebel (gewürfelt)

30 g Kräuter (wahlweise Rucola, Basilikum, Bärlauch, junger Giersch, Schnittlauch)

2 Knoblauchzehen (zerdrückt oder fein gehackt)

3 EL Olivenöl

¾ TL Salz

30 Pistazien oder geröstete Pinienkerne zum Betreuen (ohne Schale 20 g)

Zubereitung
1 Die Nudeln in Wasser al dente kochen.
2 Die Zwiebel in 1 EL Öl glasig schwitzen. Die Kräuter in Streifen bzw. Röllchen schneiden.
3 Die Nudeln kurz abtropfen lassen, mit Zwiebel, Kräutern und den Zutaten bis Salz vermengen, auf zwei tiefen Tellern verteilen und mit den Pistazien bestreuen.

Spätzle
aufwendiger, fettarm

Zubereitungszeit: 30 Minuten

Eine Portion enthält:
396 kcal, 11 g E, 8 g F, 69 g K, 7 g B

Zutaten für 4 Personen
150 ml Sojasahne

2 g Bindobin

200 g Mehl Type 405

200 g Maismehl

1 TL Salz

½ TL Muskatpulver

Zubereitung
1 Sojasahne, 100 ml Wasser und die restlichen Zutaten der Reihe nach kräftig verschlagen.
2 Den Teig durch eine Spätzlepresse oder mithilfe eines Spätzleschabers in einen Topf mit viel kochendem Wasser drücken. Die Spätzle sind fertig, sobald sie an der Oberfläche schwimmen.

HINWEIS

Ins Kochwasser für Nudeln, Kartoffeln oder Reis gebe ich meistens kein Salz. Dies ist zum einen nicht nötig, da die Zutaten für den Geschmack sorgen, zum andern möchte ich unserem Körper ein Zuviel an Salz ersparen.

Spaghetti carbonara

aufwendiger, fettreich

Zubereitungszeit: 30 Minuten

Eine Portion enthält:
871 kcal, 36 g E, 33 g F, 114 g K, < 1 g B

Zutaten für 4 Personen

500 g Spaghetti
160 g geräucherter Tofu (klein gewürfelt)
1 EL Olivenöl
400 ml Sojasahne
2 TL Gemüsebrühpulver
3 EL Zitronensaft
1 leicht gehäufter TL Senf
2 leicht gehäufte TL getrockneter Estragon
1 Döschen Safran (0,1 g) oder ½ TL Kurkuma

Zubereitung

1 Die Spaghetti in Wasser kochen.

2 Den Tofu in einer beschichteten Pfanne im Öl leicht anrösten.

3 Restliche Zutaten und 280 ml Wasser mit einem Schneebesen verrühren und erhitzen, dabei ständig rühren, da die Soße leicht ansetzt. Die Tofuwürfel zugeben, die abgetropften Nudeln unterheben und dann sofort servieren.

TIPP

Die Spaghetti auf Rucolablättern anrichten und auf den Tellerrand Tomatenachtel legen.

Obstlasagne

aufwendiger, fettarm

Zubereitungszeit: 60 Minuten

Eine Portion enthält:
347 kcal, 12 g E, 10 g F, 53 g K, 5 g B

Zutaten für 4 Personen

1 Liter Soja-Vanille-Drink
3 EL Orangensaft
50 g Zucker
1 Apfel (klein gewürfelt)
1 Birne (klein gewürfelt)
2 Bananen (klein gewürfelt)
10 Lasagneplatten (175 g, nicht vorgekocht)
Öl für die Form
4 EL Rosinen
4 EL Mandelblättchen

Zubereitung

1 Sojadrink, Orangensaft, Zucker und das Obst mischen.

2 Die Lasagneplatten abwechselnd mit der Obstsoße in eine gefettete Auflaufform schichten (zuletzt eine Schicht Soße).

3 Den Auflauf mit Rosinen und Mandelblättchen bestreuen und ca. 45 Minuten bei 190 °C Ober- und Unterhitze (vorgeheizt) backen.

VEGANE ALTERNATIVE

Die Obstlasagne schmeckt auch ohne Rosinen.

Gemüselasagne

aufwendiger, fettmoderat

Zubereitungszeit: 90 Minuten

Eine Portion enthält:
381 kcal, 7 g E, 23 g F, 35 g K, 4 g B

Zutaten für 4 Personen

2 EL Olivenöl

100 g Zwiebel (klein gewürfelt)

2 Knoblauchzehen (zerdrückt)

2 TL Thymian

100 g Sellerie oder Fenchel (klein gewürfelt)

300 g Möhren (klein gewürfelt)

200 ml Sojasahne

4 TL Gemüsebrühpulver

½ TL Muskatpulver

3 g Bindobin

1 EL Olivenöl für die Form

8 Lasagneplatten

100 g Wilmersburger Pizzakäse

TIPP

Die Gemüsewürfel schön klein schneiden, damit sie zwischen den Nudelplatten nicht zu sperrig sind.

Zubereitung

1 Zutaten bis Möhren in 2 EL Olivenöl anschwitzen.

2 Zutaten von Sojasahne bis Bindobin und 600 ml Wasser mit einem Schneebesen verschlagen.

3 In eine passende gefettete Auflaufform abwechselnd 2 Lasagneplatten, ¼ des Gemüses, ¼ der Soße und ¼ des Käses schichten. Den Vorgang dreimal wiederholen, ggf. etwas Wasser nachgießen. Die Lasagne ca. 60 Minuten bei 200 °C Ober- und Unterhitze (vorgeheizt) backen.

VEGANE ALTERNATIVE

Möhren und Thymian können Sie ersetzen durch Spargel + Estragon, Zucchini + Basilikum, Aubergine + Rosmarin.

Sojalasagne

Möhren und Thymian ersetzen durch 70 g Tomatenmark, 100 ml Wasser, 40 g Sojagranulat oder Süßlupinenschrot und 2 TL Oregano. Das Wasser der Soße durch 600 ml Gemüse- oder Tomatensaft ersetzen. Bindobin weglassen, da das Granulat ausreichend andickt.

REIS UND GETREIDE

Couscous-Brokkoli-Salat

aufwendiger, fettmoderat

Zubereitungszeit: 90 Minuten

Eine Portion enthält:
284 kcal, 8 g E, 18 g F, 22 g K, 6 g B

Zutaten für 4 Personen

200 ml Gemüsebrühe

200 g Couscous

1 TL Kurkuma

1 Zwiebel (klein gewürfelt)

1 Knoblauchzehe (zerdrückt)

1 EL Rapsöl

100 ml Soja- oder Haferdrink

600 g TK-Brokkoli (aufgetaut, etwas kleiner geschnitten)

1 TL Salz

½ TL Korianderpulver

½ TL Ingwerpulver

1 gestr. TL scharfes Paprikapulver

3 EL Rapsöl

3 EL Kräuteressig oder weißer Balsamico

200 g Möhren (grob geraspelt)

Zubereitung

1 Couscous in die heiße Brühe einrühren, Kurkuma zufügen und kurz köcheln. Dann zum Ausquellen vom Herd nehmen.

2 Zwiebel und Knoblauch im Öl anschwitzen. Zutaten von Sojadrink bis Paprikapulver zugeben und im geschlossenen Topf bissfest garen.

3 Das abgekühlte Gemüse mit dem Couscous und den restlichen Zutaten mischen und eine Stunde im Kühlschrank ziehen lassen.

Brokkoli-Reissalat

Statt Couscous 150 g Porboiled Reis in 300 ml Gemüsebrühe garen.

Kurkumahirse

einfach, fettarm

Zubereitungszeit: 20 Minuten

Eine Portion enthält:
234 kcal, 5 g E, 1 g F, 55 g K, 1 g B

Zutaten für 3 Personen

600 ml Gemüsebrühe

½ TL Kurkuma

200 g Hirse

Zubereitung

Gemüsebrühe mit Kurkuma aufkochen, Hirse zugeben und im geschlossenen Topf auf kleinster Stufe so lange köcheln, bis die gesamte Flüssigkeit aufgenommen ist (20–30 Minuten).

Safranhirse

Kurkuma durch 0,1 g Safran ersetzen.

Gemüsehirse

Gedünstetes Gemüse nach Belieben unterheben, eventuell auch Nüsse und Kerne.

Hirsesuppe

Gemüsehirse mit Gemüsebrühe bis zur gewünschten Konsistenz verdünnen.

Paprikareis

einfach, fettarm

Zubereitungszeit: 30 Minuten

Eine Portion enthält:
252 kcal, 5 g E, 6 g F, 43 g K, 3 g B

Zutaten für 5 Personen

3 EL Olivenöl

½ grüne Paprika (klein gewürfelt)

½ rote Paprika (klein gewürfelt)

½ gelbe Paprika (klein gewürfelt)

1 Dose Pizzatomaten (400 g)

2 TL Gemüsebrühpulver

½ TL Salz

50 ml Sojasahne

250 g Parboiled Reis (roh)

Zubereitung

Die Paprika im Öl anschwitzen. Restliche Zutaten und 300 ml Wasser zugeben und auf kleinster Stufe etwa 20 Minuten im geschlossenen Topf köcheln lassen.

VEGANE ALTERNATIVE

Wer es gerne scharf mag, köchelt noch eine klein geschnittene Chilischote mit.

Paprikabulgur

Reis durch groben Bulgur ersetzen.

Reis mit Obst

aufwendiger, fettmoderat

Zubereitungszeit: 45 Minuten

Eine Portion enthält:
582 kcal, 10 g E, 25 g F, 88 g K, 5 g B

Zutaten für 4 Personen

300 g Basmatireis

200 g Porree (in Ringen)

1 Apfel (klein gewürfelt)

1 Banane (klein gewürfelt)

1 Birne (klein gewürfelt)

150 g blaue Trauben (halbiert, entkernt)

100 g Ananas (in Stücken)

1 Dose cremige Kokosmilch (400 g)

2 EL Zitronensaft

2 TL Gemüsebrühpulver

½ TL Kurkuma

½ TL Curry

¼ TL schwarzer Pfeffer

Zubereitung

1 Basmatireis nach Packungsanweisung kochen.

2 Die Porreeringe abbrausen, tropfnass im geschlossenen Topf 5 Minuten dämpfen. Die übrigen Zutaten zugeben, zuerst 10 Minuten im geschlossenen, dann 5 Minuten im offenen Topf köcheln.

Reis und Obstsoße getrennt servieren.

Tokiopfanne

aufwendiger, fettarm

Zubereitungszeit: 30 Minuten

Eine Portion enthält:
344 kcal, 9 g E, 8 g F, 61 g K, 6 g B

Zutaten für 3 Personen

100 g Gemüsezwiebel (in Streifen)

100 g Fenchel (in kurzen Streifen)

150 g Möhren (in Scheiben)

10 g frischer Ingwer (fein gerieben)

2 Knoblauchzehen (in Scheiben)

2 EL Sesamöl (aus geröstetem Sesam)

150 g Zucchini (in Viertelscheiben)

50 g knackige Salatstiele

2 EL Sojasoße, 1 TL Salz

200 g Basmatireis, 500 ml Wasser

Zubereitung

1 Zutaten von Zwiebel bis Knoblauch in der Wokpfanne im Öl anschwitzen, 15 Minuten geschlossen garen. Zucchini bis Salz zugeben, kurz erhitzen.

2 Den Reis im geschlossenen Topf köcheln, bis er fast das gesamte Wasser aufgenommen hat. Unter das Gemüse mischen.

VEGANES EXTRA

Sesamkörner, geröstete Erdnüsse und Sesamöl dazustellen.

Gemüsereis mit Fenchel
aufwendiger, fettarm

Zubereitungszeit: 30 Minuten

Eine Portion enthält:
194 kcal, 5 g E, 10 g F, 18 g K, 5 g B

Zutaten für 5 Personen

250 g Parboiled Reis

2 EL Olivenöl

200 g Lauchzwiebeln (in Ringen)

2 Knoblauchzehen (zerdrückt)

200 g Fenchel (grob gewürfelt)

je 1 gelbe und 1 orange Paprika (grob gewürfelt)

200 ml Gemüsebrühe

2 TL Salz

1 TL getrockneter Oregano

1 TL getrockneter Thymian

1 gestr. TL Cayennepfeffer

50 g geröstete Pinienkerne (oder 50 g geröstete Walnusshälften)

2 Tomaten (klein gewürfelt)

Zubereitung

1 Den Reis in 750 ml Wasser gar köcheln und gut ausquellen lassen.

2 Lauchzwiebeln und Knoblauch im Öl anschwitzen. Fenchel und Paprika kurz mitschwitzen und mit der Brühe ablöschen. Salz, Oregano, Thymian und Cayennepfeffer zum Gemüse geben und 10–15 Minuten im geschlossenen Topf köcheln.

3 Das Gemüse mit dem fertigen Reis, den Pinienkernen und den Tomaten mischen.

TIPP

Das Gericht schmeckt auch mit Naturreis sehr gut und wird dadurch noch vollwertiger.

Tofu-Reis-Pfanne
aufwendiger, fettreich

Zubereitungszeit: 30 Minuten

Eine Portion enthält:
462 kcal, 14 g E, 25 g F, 46 g K, 3 g B

Zutaten für 3 Personen

150 g Parboiled Reis

1 EL Margarine (30 g)

200 g Naturtofu (kleinfingerdick gewürfelt)

2 EL Olivenöl

1 Zwiebel (gewürfelt)

1 gelbe Paprika (klein gewürfelt)

250 g frische Champignons (halbiert bzw. geviertelt)

150 g Sojasahne

1 TL Salz

25 g TK-Petersilie

Zubereitung

1   Den Reis in 300 ml Wasser aufkochen und dann im geschlossenen Topf köcheln und ausquellen lassen.

2   Tofu in einer beschichteten Pfanne in der Margarine anbraten, dann herausnehmen und beiseite stellen.

3   In der Pfanne Zwiebel und Paprika im Olivenöl anschwitzen. Die Pilze zugeben, kurz mitschwitzen und dann mit 100 ml Wasser ablöschen. Das Gemüse in der geschlossenen Pfanne auf kleiner Stufe garen. Reis, Sojasahne, Salz, Petersilie und Tofu zugeben, nur kurz erhitzen und dann sofort servieren.

TIPP

Dazu passen Tomatenscheiben.

Gemüserisotto

einfach, fettarm

Zubereitungszeit: 45 Minuten

Eine Portion enthält:
382 kcal, 8 g E, 14 g F, 55 g K, 4 g B

Zutaten für 3 Personen

250–300 g Gemüse lt. Tabelle (gewürfelt)

1 EL Olivenöl

1 Zwiebel (klein gewürfelt)

1 Knoblauchzehe (zerdrückt)

1 TL getrocknete Kräuter lt. Tabelle

200 g Milchreis (roh)

750 ml schwache Gemüsebrühe (750 ml
Wasser, 2 TL Gemüsebrühpulver)

40 g gemahlene Mandeln oder veganer Käse

1 TL Margarine

Zubereitung

1 Das Gemüse in 100 ml Wasser im geschlossenen Topf gar dämpfen und abtropfen.

2 Zwiebel, Knoblauch und Kräuter im Öl anschwitzen, den Reis kurz mitschwitzen. Nach und nach die Gemüsebrühe zugeben und im offenen Topf auf mittlerer Stufe verkochen lassen (ab und zu umrühren).

3 Vor dem Servieren Gemüse, Mandelmehl bzw. veganen Käse und Margarine unterrühren.

TIPP

Dazu passt ein Blattsalat.

VEGANE ALTERNATIVEN

Wenn Sie das Gericht abwandeln wollen, kombinieren Sie Gemüse und Kräuter laut der Tabelle. Die passende Kombination steht jeweils untereinander.

Kohlrabi	Möhre	Paprika	Rote Bete	Spargel	Spitzkohl	Zucchini
Basilikum	Thymian	Kräuter der Provence	Rosmarin	Estragon	Basilikum	Basilikum

RAGOUTS

Sojaragout
einfach, fettarm

Zubereitungszeit: 20 Minuten

Eine Portion enthält:
275 kcal, 16 g E, 13 g F, 16 g K, 2 g B

Zutaten für 4 Personen
5 EL Olivenöl
200 g Lauchzwiebeln (in Ringen)
250 ml Gemüsebrühe
100 ml Sojasahne
4 EL trockener Weißwein
2 EL süße Sojasoße
100 g Sojagranulat oder Süßlupinenschrot
400 g Tomaten (klein gewürfelt)
20 g Kapern (schön klein geschnitten)
½ TL Salz
¼ TL schwarzer Pfeffer

Zubereitung
Die Lauchzwiebeln im Öl anschwitzen. Die übrigen Zutaten zugeben und alles kurz durchköcheln lassen.

TIPP

Dazu passen Bandnudeln.

Szegediner Gulasch
einfach, fettarm

Zubereitungszeit: 40 Minuten

Eine Portion enthält:
152 kcal, 7 g E, 11 g F, 5 g K, 3 g B

Zutaten für 4 Personen
1 EL Margarine
200 g Zwiebeln (in Ringen)
250 ml dunkle Soße (Rezept S. 145)
200 g Sauerkraut
1 rote Paprika (klein gewürfelt)
½ TL Kumin (Kreuzkümmel)
250 g mexikanisch gewürzter Tofu oder geräucherter Tofu (gewürfelt)

Zubereitung
1 Zwiebeln in der Margarine anschwitzen, die Soße unterrühren und einige Minuten köcheln.
2 Sauerkraut, Paprika und Gewürze zugeben und im geschlossenen Topf 15 Minuten weiterköcheln.
3 Den Tofu zum Schluss unterheben und kurz miterhitzen.

Auberginen-Tomaten-Ragout mit Nudeln

Pasta con le melanzane, italienisch
aufwendiger, fettarm

Zubereitungszeit: 30 Minuten

Eine Portion enthält:
380 kcal, 15 g E, 14 g F, 55 g K, 10 g B

Zutaten für 4 Personen

400 g Vollkornnudeln (z. B. Weizenvollkorn-spätzle)

2 EL Olivenöl

2 Zwiebeln (grob gewürfelt)

1 Knoblauchzehe (zerdrückt)

250 g Aubergine (kleinfingerdick gewürfelt)

1 gehäufter TL Tomatenmark

250 ml Gemüsebrühe

100 g Sojasahne (oder cremige Kokosmilch)

500 g Kirschtomaten (halbiert)

1 TL scharfes Paprikapulver (oder 1–2
Peperoncini, entkernt, klein geschnitten)

½ TL Salz

2 g Bindobin

Zubereitung

1   Die Nudeln in reichlich Wasser al dente kochen.

2   Zwiebeln und Knoblauch im Öl anschwitzen, Aubergine und Tomatenmark zugeben und 2 Minuten mitschwitzen, dann mit der Brühe ablöschen und 10 Minuten im offenen Topf köcheln lassen. Restliche Zutaten zugeben und miterhitzen.

3   Nudeln und Ragout getrennt servieren.

TIPPS

Wenn kleinere Kinder mitessen, ersetzen Sie das scharfe Paprikapulver durch edelsüßes Paprikapulver.
Das Ragout schmeckt auch gut zu Pellkartoffeln.

Kartoffel-Pilz-Gulasch
aufwendiger, fettarm

Zubereitungszeit: 60 Minuten

Eine Portion enthält:
249 kcal, 6 g E, 9 g F, 31 g K, 10 g B

Zutaten für 4 Personen

3 EL Olivenöl

2 Zwiebeln (grob gewürfelt)

3 Knoblauchzehen (gehackt)

700 g Kartoffeln (grob gewürfelt)

500 ml Gemüsebrühe

4 EL Paprikapulver edelsüß

1 gestr. EL Paprikapulver scharf

1 EL Mehl

2 EL Tomatenmark (50 g, 3-fach konzentriert)

3 EL Rotweinessig

1 EL getrockneter Majoran

½ TL Salz

1 gestr. TL Kumin (Kreuzkümmel)

1 rote Paprika (grob gewürfelt)

1 grüne Paprika (grob gewürfelt)

200 g Austernpilze oder Champignons (grob gewürfelt)

Zubereitung

1 Zwiebeln und Knoblauch im Öl anschwitzen, Kartoffeln zugeben und kurz mitschwitzen. Die Gemüsebrühe zugeben und die Kartoffeln 10 Minuten im geschlossenen Topf köcheln.

2 Dann die restlichen Zutaten unterrühren und weitere 10–15 Minuten im geschlossenen Topf köcheln.

TIPP

Erleichtern Sie sich den Arbeitsablauf, indem Sie zuallererst die Zutaten vorbereiten und die Gewürze bereitstellen.

Partysuppe

Schneiden Sie alle Zutaten klein statt grob, nehmen Sie die doppelte Menge Gemüsebrühe und fügen Sie der Suppe zum Schluss zwei kleine Dosen „Gebackene Bohnen in Tomatensoße" und 25 g TK-Petersilie hinzu.

Mittelmeergemüse

einfach, fettreich

Zubereitungszeit: 40 Minuten

Eine Portion enthält:
381 kcal, 12 g E, 27 g F, 22 g K, 10 g B

Zutaten für 4 Personen

2 EL Olivenöl (oder Erdnussöl)

200 g Aubergine (gewürfelt)

1 Zwiebel (grob gewürfelt)

2 Knoblauchzehen (zerdrückt)

1 große Dose Tomaten (mit dem Saft, 800 g)

je 1 gelbe und grüne Paprika (grob gewürfelt)

1 große Möhre (in Scheiben)

50 g Rosinen

50 g gesalzene und geröstete Erdnüsse

1 TL Salz

1 gehäufter TL Korianderpulver

Zubereitung

1 Aubergine, Zwiebel und Knoblauch im Öl anschwitzen.

2 Die Tomaten mit einem Kartoffelstampfer zerkleinern und zugeben. Übrige Zutaten zugeben und 20 Minuten im geschlossenen Topf köcheln.

TIPP

Als Beilage passen Wedges, Sauerteigbrot mit Margarine oder Bulgur.

Rosenkohl mit Amarant

einfach, fettarm

Zubereitungszeit: 60 Minuten

Eine Portion enthält:
251 kcal, 11 g E, 11 g F, 20 g K, 6 g B

Zutaten für 4 Personen

100 g Amarant

500–600 g Rosenkohl (Röschen halbiert)

200 g Möhren (in Scheiben)

4 TL Gemüsebrühpulver

1 TL Kurkuma

1 TL Curry

200 g Sojasahne

Zubereitung

1 1 Liter Wasser aufkochen, den Amarant zugeben und im geschlossenen Topf 30 Minuten köcheln lassen.

2 Zutaten bis Curry zugeben und weitere 15 Minuten im geschlossenen Topf köcheln lassen. Den Topf vom Herd nehmen, die Sojasahne unterrühren und alles ca. 15 Minuten im offenen Topf abkühlen lassen (damit der Amarant nachdicken kann).

TIPP

Dazu passen Brötchen.

Amarant-Brokkoli-Ragout

einfach, fettarm

Zubereitungszeit: 45 Minuten

Eine Portion enthält:
296 kcal, 16 g E, 10 g F, 10 g K, 11 g B

Zutaten für 4 Personen

200 g Amarant

½ TL Kurkuma

2 Knoblauchzehen (zerdrückt)

750 g TK-Brokkoli

250 ml Sojasahne

3 TL Kräuteressig

2 TL Gemüsebrühpulver

½ TL Salz

300 g Tomaten (klein geschnitten)

25 g TK-Schnittlauch

Zubereitung

1 500 ml Wasser aufkochen, Amarant und Kurkuma zugeben und im geschlossenen Topf 20 Minuten auf kleiner Stufe köcheln.

2 Zutaten von Knoblauch bis Salz unterrühren und weitere 10 Minuten köcheln. Vom Herd nehmen und nach Wunsch zum weiteren Ausquellen stehen lassen. Vor dem Servieren Tomaten und Schnittlauch unterheben.

Tofu in Kokoscreme

einfach, fettreich

Zubereitungszeit: 20 Minuten

Eine Portion enthält:
684 kcal, 20 g E, 42 g F, 58 g K, 10 g B

Zutaten für 2 Personen

3 EL Olivenöl

1 Zwiebel (gewürfelt)

1 Knoblauchzehe (zerdrückt)

200 g Naturtofu (gewürfelt)

150 g Dosenmais

50 g veganer Käse (klein gewürfelt)

25 g TK-Petersilie

Kokoscremesoße

200 ml cremige Kokosmilch 17–18 % Fett

½ TL Salz, 1 gestr. TL Kurkuma

2 g Bindobin

Zubereitung

1 Soßenzutaten gut verschlagen und so lange köcheln, bis die Soße angedickt ist.

2 Zwiebel und Knoblauch in 1 EL Öl anschwitzen, Soße und Zutaten bis Käse zugeben, kurz köcheln. Vor dem Servieren Petersilie und 2 EL Olivenöl unterrühren.

TIPP

Die Kokoscremesoße passt auch gut zu gegartem Gemüse, z. B. Rosenkohl oder Pastinaken. Mit weniger Gemüseeinlage erhalten Sie eine Kokoscremesuppe.

Tofu-Gurken-Ragout

einfach, fettarm

Zubereitungszeit: 20 Minuten

Eine Portion enthält:
171 kcal, 10 g E, 11 g F, 6 g K, 3 g B

Zutaten für 3 Personen

2 EL Olivenöl

1 Zwiebel (in Ringen)

1 Knoblauchzehe (zerdrückt)

200 g frische Champignons (halbiert, größere geviertelt)

200 g Salatgurke (geschält, entkernt und grob gewürfelt)

½ TL Salz

200 g Naturtofu (in kleinfingerdicken Würfeln)

100 ml trockener Weißwein

1 TL Gemüsebrühpulver

50 ml Sojasahne

2 g Bindobin

2 EL TK-Dill

Zubereitung

Zwiebel und Knoblauch im Öl anschwitzen. Pilze, Gurke und Salz unterrühren und im geschlossenen Topf auf kleiner Stufe köcheln, bis das Gemüse Wasser gezogen hat. Die restlichen Zutaten und 100 ml Wasser zugeben und köcheln, bis die Soße etwas angedickt ist.

TIPP

Dazu passen Pellkartoffeln oder Kartoffelpüree.

GEMÜSE

Geschmorte Pilze

Funghi trifolati, italienisch
aufwendiger, fettarm

Zubereitungszeit: 20 Minuten

Eine Portion enthält:
130 kcal, 5 g E, 11 g F, 2 g K, 5 g B

Zutaten für 6 Personen (als Vorspeise)

500 g frische Champignons (halbiert)

250 g Austernpilze (in Streifen)

1 TL Salz

¼ TL schwarzer Pfeffer

1 Glas Stockschwämmchen (abgetropft,
155 g)

1 TL Gemüsebrühpulver

75 g Margarine oder Albaöl

50 ml trockener Weißwein

25 g TK-italienische Kräuter oder TK-Kräuter
der Provence

TIPP

Zu den Pilzen passen Ciabatta, Baguette oder
Spargel.

Zubereitung

1 Champignons und Austernpilze mit Salz und Pfeffer und 50 ml Wasser in einen Topf geben, mischen und im geschlossenen Topf dämpfen, bis die Pilze zusammengefallen sind. Die Stockschwämmchen zugeben und nun die Flüssigkeit im offenen Topf verköcheln lassen.

2 In einem zweiten Topf 200 ml Wasser aufkochen, den Topf vom Herd nehmen, die restlichen Zutaten unterrühren, bis die Margarine geschmolzen ist, dann die Pilze in die Soße geben und sofort servieren.

VEGANE ALTERNATIVE

Die Austernpilze können durch ein weiteres Glas Stockschwämmchen ersetzt werden.

Penne mit geschmorten Pilzen

Als Vorspeise für 4 Personen 500 g Rigatoni (Penne rigate) kochen und mit der Pilzsoße mischen.

Bohnenschale

Fagioli cotta, italienisch
einfach, fettreich

Zubereitungszeit: 30 Minuten

Eine Portion enthält:
712 kcal, 28 g E, 29 g F, 70 g K, 30 g B

Zutaten für 2 Personen

1 kleine Zwiebel (50 g, gewürfelt)

1 kleine Möhre (50 g, grob geraspelt)

2 Knoblauchzehen (fein gerieben)

1 gestr. EL gerebelter Salbei

2 EL Olivenöl

1 kleine Dose Tomaten (400 g)

½ TL Salz

½ TL scharfes Paprikapulver

2 Lorbeerblätter

500 g Fagioli (aus der Dose, abgebraust)

50 g Wilmersburger Käse (grob geraspelt)

2 EL Olivenöl

Zubereitung

1 Zutaten bis Salbei im Öl anschwitzen. Tomaten zugeben, mit einem Kartoffelstampfer zerkleinern. Zutaten bis Fagioli zugeben und 10 Minuten im geschlossenen Topf köcheln.

2 Auf 2 Schalen verteilen, mit dem Käse bestreuen und dem Olivenöl beträufeln.

TIPP

Dazu passen frisch aufgebackene Baguettebrötchen.

GUT ZU WISSEN

Fagioli sind große weiße Bohnen. Alternativ können Sie kleine weiße Bohnen nehmen.

Grüne Bohnen in Kokos-Sojasoße

einfach, fettarm

Zubereitungszeit: 20 Minuten

Eine Portion enthält:
168 kcal, 3 g E, 12 g F, 6 g K, 4 g B

Zutaten für 4 Personen

1 Zwiebel (klein gewürfelt)

10 g Ingwer (klein gewürfelt)

½ TL getrocknetes Bohnenkraut

½ TL getrockneter Majoran

2 EL Olivenöl

100 g Instant-Kokosnusspulver

2 EL süße Sojasoße

1 TL Salz

ca. 600 g grüne Bohnen (aus der Dose)

Zubereitung

1 Zutaten bis einschließlich Majoran im Öl anschwitzen.

2 Das Kokosnusspulver in 200 ml warmes Wasser einrühren, mit der Sojasoße und dem Salz zur Zwiebel geben und 5 Minuten im geschlossenen Topf köcheln. Die Bohnen zugeben und in der Soße erhitzen.

TIPPS

Dazu passen Zapfenkroketten oder Nudeln. Sie können natürlich auch 600 g frische grüne Bohnen vordämpfen.

VEGANE ALTERNATIVEN

Die angerührte Kokosmilch können Sie durch 300 g Kokoscreme aus der Dose ersetzen, diese macht das Gericht jedoch fettreicher. Die Bohnen lassen sich durch vorgedämpfte Zuckerschoten oder vorgedämpften Rosenkohl ersetzen.

Dicke Bohnen

einfach, fettreich

Zubereitungszeit: 20 Minuten

Eine Portion enthält:
329 kcal, 7 g E, 29 g F, 18 g K, 4 g B

Zutaten für 3 Personen

2 EL Olivenöl

200 g Lauchzwiebeln (in Röllchen)

1 Knoblauchzehe (zerdrückt)

125 ml trockener Weißwein

1½ TL Gemüsebrühpulver

¼ TL schwarzer Pfeffer

425 g dicke Bohnen (aus dem Glas, abgetropft)

100 g cremige Kokosmilch

½ TL Kurkuma

Zubereitung

Lauchzwiebeln und Knoblauch im Öl anschwitzen. Zutaten bis einschließlich Pfeffer und 125 ml Wasser zugeben und im offenen Topf 5 Minuten leise köcheln. Übrige Zutaten zugeben und kurz erhitzen.

Fenchelpakete

einfach, fettreich

Zubereitungszeit: 60 Minuten

Eine Portion enthält:
380 kcal, 8 g E, 20 g F, 40 g K, 8 g B

Zutaten für 2 Personen

4 Quadrate Aluminiumfolie

450 g Kartoffeln (geschält gewogen, in Würfeln)

250 g Fenchel (in kurzen Streifen)

4 EL Sesamöl (aus geröstetem Sesam)

1 Knoblauchzehe (zerdrückt)

Zubereitung

Je zwei Folienquadrate übereinanderlegen. Die Zutaten mischen, auf den Folien verteilen, die Folienränder nach oben biegen und gut verschließen. Ca. 45 Minuten bei 180 °C Ober- und Unterhitze backen. Die Päckchen auf Teller legen und so servieren.

AUF DIE SCHNELLE

1 Blech für 4 Personen: 1000 g Biokartoffeln (mit Schale) mit 50 ml Olivenöl, 2 TL Rosmarin, 2 TL Salz mischen. Auf ein Backblech geben, 30 Minuten bei 200 °C Heißluft backen. 2 gelbe und 2 rote Paprika grob würfeln, zugeben und weitere 10 Minuten backen.

Stampfgemüse
aufwendiger, fettarm

Zubereitungszeit: 40 Minuten

Eine Portion enthält:
212 kcal, 6 g E, 5 g F, 32 g K, 6 g B

Zutaten für 4 Personen

700 g Kartoffeln (geschält gewogen, klein gewürfelt)

300 g Steckrübe (geschält gewogen, klein gewürfelt)

1 EL Margarine

1 TL Salz

50 ml Sojasahne

1 EL Sonnenblumenkerne

Zubereitung

1 Zutaten von Kartoffeln bis Salz mit 100 ml Wasser im geschlossenen Topf erhitzen und ca. 20 Minuten leise köcheln. Den Topf vom Herd nehmen.

2 100 ml Wasser mit der Sojasahne erhitzen und davon unter Stampfen so viel zugeben, bis die gewünschte Konsistenz erreicht ist. Die Sonnenblumenkerne darüberstreuen.

VEGANE ALTERNATIVEN

Steckrübe wahlweise durch Möhren, Brokkoli, Pastinake, Knollensellerie, Rote Bete ersetzen. Die Sonnenblumenkerne durch angebratene und gebräunte Zwiebelringe ersetzen.

Selleriegemüse
aufwendiger, fettmoderat

Zubereitungszeit: 20 Minuten

Eine Portion enthält:
186 kcal, 4 g E, 14 g F, 8 g K, 6 g B

Zutaten für 2 Personen

100 g Porree (in Ringen)

300 g Staudensellerie (in Scheiben)

2 EL Olivenöl

1 Knoblauchzehe (zerdrückt)

300 g Tomaten (gewürfelt)

30 g grüne Oliven (in Scheiben)

100 ml Sojasahne

¾ TL Salz

Zubereitung

1 Geschnittenen Porree und Sellerie kurz abbrausen, abtropfen und in einer Wokpfanne im Öl ca. 10 Minuten schmoren.

2 Restliche Zutaten zugeben und noch einmal kurz durchköcheln.

TIPP

Dazu passen Pellkartoffeln, Bandnudeln oder Baguette.

Erbsenpüree
aufwendiger, fettarm

Zubereitungszeit: 1 Stunde
Einweichzeit: 12 Stunden

Eine Portion enthält:
225 kcal, 7 g E, 7 g F, 20 g K, 6 g B

Zutaten für 4 Personen

250 g getrocknete grüne Erbsen oder gelbe Erbsen

250 g Kartoffeln (klein gewürfelt)

1 TL Salz

½ TL getrockneter Majoran

1 EL Margarine (30 g)

2 Zwiebeln (klein gewürfelt)

50 ml Sojasahne

Zubereitung

1 Erbsen mit 500 ml Wasser in einen großen Topf geben und über Nacht einweichen.

2 Am nächsten Tag die Kartoffeln auf die Erbsen legen (das Einweichwasser belassen), mit Salz und Majoran bestreuen, aufkochen und im geschlossenen Topf 30–40 Minuten leise köcheln. Die Zwiebeln in der Margarine bräunen.

3 Das Erbsen-Kartoffel-Gemüse mit der Sojasahne pürieren und die Zwiebeln unterheben.

TIPP

Dazu schmecken Bratlinge und Rote-Bete-Scheiben.

AUF DIE SCHNELLE

250 ml Wasser, 400 g TK-Erbsen, 400 g Kartoffeln. Die Einweichzeit entfällt, die Kochzeit beträgt ca. 15 Minuten.

Rahmspinat

aufwendiger, fettarm

Zubereitungszeit: 30 Minuten

Eine Portion enthält:
141 kcal, 4 g E, 9 g F, 6 g K, 4 g B

Zutaten für 4 Personen

1 EL Olivenöl

100 g Zwiebel (klein gewürfelt)

2 Knoblauchzehen (zerdrückt)

450–500 g Blattspinat (frisch oder TK,
alternativ gehackter Spinat TK)

100 ml trockener Weißwein

150 ml Sojasahne

2 TL Gemüsebrühpulver

4 g Bindobin

½ TL Muskatpulver

Zubereitung

1 Zwiebel und Knoblauch im Öl anschwitzen, Spinat zugeben und einige Minuten im geschlossenen Topf dämpfen.

2 Übrige Zutaten und 100 ml Wasser mit einem Schneebesen verrühren, zum Spinat geben und kurz köcheln.

TIPP

Dazu schmecken Bandnudeln oder Rösti.

VEGANE ALTERNATIVE

Spinat durch Mangold, Porree oder Stielmus ersetzen. Die Blätter in Streifen schneiden, abbrausen und tropfnass zu der Zwiebel geben.

Spinatsuppe

Gehackten Spinat (TK) verwenden und das Gericht zum Schluss mit Gemüsebrühe verdünnen.

Wokgemüse
aufwendiger, fettarm

Zubereitungszeit: 45 Minuten

Eine Portion enthält:
180 kcal, 3 g E, 14 g F, 8 g K, 4 g B

Zutaten für 3 Personen

2 rote Zwiebeln

200 g Möhren

200 g Zucchini

200 g Champignons

2 Knoblauchzehen (zerdrückt)

10 g Ingwer (klein geschnitten)

4 EL Olivenöl

1 TL Salz, 1 TL Curry

4 EL würzige Sojasoße

Zubereitung

1 Zwiebeln, Möhren und Zucchini in daumenlange, ½ cm breite Streifen schneiden. Die Pilze halbieren, größere vierteln.

2 Zwiebeln, Knoblauch, Ingwer und Möhren im Öl anschwitzen. 100 ml Wasser und Pilze zugeben und einige Minuten mitschwitzen. Restliche Zutaten zugeben und im offenen Topf köcheln, bis die Möhren gar, aber noch bissfest sind.

TIPPS

Dazu passen Mie-Nudeln (asiatische Weizennudeln).
Das Gemüse gelingt auch im normalen Topf.

Gemüsekuchen
aufwendiger, fettarm

Zubereitungszeit: 2 Stunden

Ein Stück enthält:
90 kcal, 1 g E, 6 g F, 7 g K, 1 g B

Zutaten für 1 Backblech (12 Stück)

Teig

¼ TL Zucker

½ P. Frischhefe

180 g Mehl Type 405 oder Dinkelvollkorn

½ TL Salz

Mehl für die Arbeitsfläche

Öl für das Backblech

Belag

50 g Tomatenmark

50 g Tomatenketchup

1 TL getrocknete Kräuter nach Wahl (Rosmarin, Thymian, Basilikum, Majoran)

200 g buntes Gemüse nach Wahl (Möhre, Kohlrabi, Zucchini, Kürbis, Rosenkohl, Sellerie, Champignons, Spargel; in dünnen Stiften, Scheiben, halben Röschen)

50 g grünes Pesto (Rezept S. 144)

100 g Wilmersburger Pizzakäse (grob geraspelt)

Sojaschmelz

100 ml Sojasahne

50 g Mehl

½ TL Salz

eventuell ½ TL Kurkuma, Paprika

Zubereitung

1 150 ml lauwarmes Wasser, Zucker, Hefe und die Hälfte des Mehls verrühren, diesen Vorteig 15–30 Minuten stehen lassen. Dann restliches Mehl und Salz unterrühren, den Teig auf eine bemehlte Fläche schütten und so lange kneten, bis er so viel Mehl aufgenommen hat, dass er gerade nicht mehr klebt, aber schön elastisch ist. Den Teig abgedeckt 30–60 Minuten ruhen lassen. Dann auf ein gefettetes Backblech drücken.

2 Tomatenmark, Ketchup und Kräuter mischen und auf dem Teig verteilen. Das Gemüse bunt darauf verstreuen.

3 Sojaschmelz-Zutaten verschlagen, den Schmelz in Tupfen auf den Belag geben, das Pesto dazwischen. Den veganen Käse darüberstreuen.

4 Gemüsekuchen ca. 30 Minuten bei 200 °C Heißluft (untere Ebene, nicht vorgeheizt) backen.

VEGANES EXTRA

Auf dem Tisch bereitstellen: Walnüsse, geröstete Mandelstifte, Sonnenblumenkerne oder Pistazien, Olivenscheiben, frisches Basilikum oder Kresse, gehackten Knoblauch, Olivenöl.

AUF DIE SCHNELLE: FLADENPIZZA

Ersetzen Sie den Pizzateig durch ein Fladenbrot, das Sie horizontal durchschneiden. Wählen Sie als Gemüse Tomaten und Zucchini. Verwenden Sie ein fertiges veganes Pesto. Ansonsten wie oben verfahren. Backzeit ca. 15 Minuten.

AUF DIE SCHNELLE: BOHNENPIZZA

Fertigpizzateig aus einem Pizza-Kit auf dem Blech auslegen, die Tomatensoße aus dem Kit darauf verstreichen. 150 g Zwiebel und 100 g geräucherten Tofu (beides gewürfelt) in 2 EL Öl anschwitzen, mit 1 großen Dose grünen Bohnen (abgetropft) und 1 TL Salz mischen und auf dem Teig verteilen. Sojaschmelz und Wilmersburger Käse darübergeben und backen.

BRATLINGE UND CO.

Falafel

Orientalische Kichererbsenbällchen
aufwendiger, fettarm

Zubereitungszeit: 50 Minuten

**Ein Stück enthält
(ohne Frittier- bzw. Bratfett):**
48 kcal, 2 g E, 2 g F, 5 g K, 2 g B

Zutaten für 12 Stück

2 EL Olivenöl

1 Zwiebel (klein gewürfelt)

2 Knoblauchzehen (zerdrückt)

1 TL Thymian

20 g Speisestärke (2 gehäufte EL)

250–265 g Dosen-Kichererbsen (abgetropft;
oder Kichererbsen und dicke Bohnen halb-
halb)

¾ TL Salz

1 gestr. TL Korianderpulver

½ TL Kumin (Kreuzkümmel)

2 EL Petersilien- oder Korianderblätter

Backpapier

Zubereitung

1   Zwiebel, Knoblauch und Thymian im Öl anschwitzen. Stärke und 2 EL Wasser sämig rühren. Kichererbsen mit den Gewürzen und der Stärkelösung pürieren (bei guter Kraft geht das auch mit einem Kartoffelstampfer), Petersilie unterrühren.

2   Mit nassen Händen 12 Bällchen formen und etwas abflachen. 25 Minuten auf einem mit Backpapier ausgelegten Backblech backen (200 °C Heißluft).

TIPPS

Sie können die Falafel auch in Öl braten oder frittieren, dann werden sie aber fettreicher. Die Falafel mit Salatblättern, Radieschen- und Gurkenscheiben sowie Joghurtdressing (S. 140) in Fladenbrottaschen anrichten. Falafel passen auch in eine Minestrone.

Kichererbsen-Stippgrütze

Die Falafelrohmasse in reichlich Olivenöl in einer beschichteten Pfanne braten, dabei öfter umrühren. Mit Brötchen wird daraus eine kleine Hauptspeise für zwei.

Grünkernlinge
einfach, fettmoderat

Zubereitungszeit: 60 Minuten

Ein Stück enthält:
114 kcal, 3 g E, 6 g F, 12 g K, 2 g B

Zutaten für 11 Stück

150–200 g Porree

1 EL Olivenöl

130 g Grünkernschrot

250 ml Gemüsebrühe

50 g Mandeln oder Walnüsse (gemahlen)
oder veganer Käse

50 g Paniermehl

20 g Speisestärke, verrührt mit 2 EL Wasser

1 TL Salz

½ TL getrockneter Thymian

¾ TL Muskatpulver

¼ TL schwarzer Pfeffer

Backpapier

Zubereitung

1 Die Porreestangen der Länge nach vierteln, in Streifen schneiden, abbrausen und dann im Öl anschwitzen. Den Schrot kurz mitschwitzen, mit der Brühe ablöschen, 5 Minuten im geschlossenen Topf köcheln (ab und zu umrühren), vom Herd nehmen und weitere 5 Minuten ausquellen lassen. Die restlichen Zutaten unterrühren.

2 Mit nassen Händen (oder mit Sichel-Eisportionierer) 11 Portionen auf ein mit Backpapier ausgelegtes Backblech setzen, etwas flach drücken und ca. 25 Minuten bei 200 °C Heißluft (nicht vorgeheizt) backen.

TIPP

Die Grünkernlinge schmecken auch kalt mit etwas Senf dazu sehr gut.

Gefüllte Paprika

2 große Paprika längs halbieren, säubern, in eine Auflaufform legen, mit Grünkernling- oder einer anderen Bratlingsmasse füllen, 150 ml Wasser um die Schoten gießen. Ca. 45 Minuten bei 150 °C Heißluft (nicht vorgeheizt) backen. Dazu schmeckt Feldsalat mit Zwiebeln und Walnüssen und Toastbrot.

Linsadellen
einfach, fettarm

Zubereitungszeit: 60 Minuten

Ein Stück enthält:
98 kcal, 5 g E, 6 g F, 8 g K, 2 g B

Zutaten für 12 Stück
100 g getrocknete rote Linsen

250 ml Gemüsebrühe

200 g Porree

40 g Speisestärke, verrührt mit 6 EL Wasser

¼ TL Salz

¼ TL schwarzer Pfeffer

40 g Paniermehl

60 g gemahlene Mandeln oder veganer Käse

4 EL Sojasahne

1 gehäufter EL Senf (30 g)

Backpapier

Zubereitung

1 Linsen und Brühe im geschlossenen Topf so lange leise köcheln, bis die gesamte Flüssigkeit aufgenommen ist (ca. 10–15 Minuten). Den Porree längs vierteln (mit dem Grün), in Streifen schneiden, abbrausen, auf die Linsen legen und einige Minuten mitdämpfen. Das Linsen-Porree-Gemisch etwas abkühlen lassen, dann die restlichen Zutaten gut unterrühren.

2 Mit Eisportionierer oder nassen Händen 12 Portionen formen, auf ein mit Backpapier ausgelegtes Backblech setzen und etwas flach drücken. Ca. 25 Minuten bei 200 °C Heißluft (nicht vorgeheizt) backen.

TIPPS

Nach dem Backen sind die Linsadellen noch weich, deshalb erst ganz abkühlen lassen! Die Linsadellen schmecken angebraten oder auch kalt mit Senf und eignen sich so auch gut für ein kaltes Buffet.

Kräuternockerln

aufwendiger, fettarm

Zubereitungszeit: 45 Minuten

Ein Stück enthält:
53 kcal, 1 g E, 3 g F, 4 g K, 1 g B

Zutaten für 20 Stück

100 ml Sojasahne

60 g Margarine

½ TL Salz

100 g feiner Grünkernschrot

50 g Italienische Kräuter oder Kräuter der Provence (TK)

Backpapier

Zubereitung

1 Sojasahne, Margarine, Salz und 150 ml Wasser aufkochen. Mit einem Schneebesen die übrigen Zutaten einrühren und bei kleiner Stufe im offenen Topf köcheln, bis sich die Masse gut und kompakt vom Boden löst, dabei beständig mit einem Holzlöffel umrühren.

2 Mit zwei Teelöffeln Nockerln abstechen und auf ein mit Backpapier ausgelegtes Backblech setzen. Ca. 25 Minuten bei 200 °C Heißluft (nicht vorgeheizt) backen, bis sie knusprig aussehen.

TIPP
Zu Eintopf oder in einer Soße servieren.

Nusstaler

einfach, fettreich

Zubereitungszeit: 60 Minuten

Eine Portion enthält:
187 kcal, 8 g E, 15 g F, 6 g K, 3 g B

Zutaten für 12 Stück

100 g Vollkornbrot (fein zerbröselt)

100 ml Sojasahne

4 EL Olivenöl

100 g gemahlene Mandeln

100 g gemahlene Haselnüsse

40 g Speisestärke, verrührt mit 4 EL Wasser

1 Zwiebel (fein gewürfelt)

1 rote Paprika (fein gewürfelt)

1 TL Salz, ¼ TL schwarzer Pfeffer

1 TL getrockneter Majoran

Backpapier

1 EL Margarine für die Pfanne

Zubereitung

1 Brotkrümel mit Sojasahne verrühren und mit dem Kartoffelstampfer zerstampfen. Übrige Zutaten zugeben und alles gut verrühren.

2 Mit nassen Händen oder mit dem Sichel-Eisportionierer 12 Portionen auf ein mit Backpapier ausgelegtes Backblech setzen und etwas flach drücken. Ca. 25 Minuten bei 200 °C Heißluft (nicht vorgeheizt) backen und dann in etwas Margarine in einer Pfanne anbraten.

Hirseklößchen
aufwendiger, fettarm

Zubereitungszeit: 60 Minuten

Ein Stück enthält:
43 kcal, 2 g E, 2 g F, 6 g K, 1 g B

Zutaten für 16 Stück

1 TL Gemüsebrühpulver
¼ TL Korianderpulver
¼ TL Cayennepfeffer
¼ TL Kurkuma
75 g Hirse
1 EL Margarine (20 g)
Ei-Ersatz aus dem Reformhaus für 1 Ei
50 g Hartweizengrieß
25 g TK-Schnittlauch
1,5 Liter schwache Gemüsebrühe

Zubereitung

1 Die ersten vier Zutaten mit 250 ml Wasser aufkochen, die Hirse hineingeben und im geschlossenen Topf leise köcheln, bis die Brühe ganz aufgenommen ist (ca. 25 Minuten), dann die restlichen Zutaten bis Schnittlauch gründlich unterrühren.

2 Eine schwache Gemüsebrühe zum Sieden bringen, aus der Hirse-Grieß-Masse mit nassen Händen 3–4 cm große Klößchen formen. In die Brühe geben und 15 Minuten im offenen Topf leicht sieden, jedoch nicht kochen lassen, dann zum Abtropfen herausnehmen.

TIPP

Die Klößchen schmecken als Einlage in einer Suppe oder in einer leckeren Soße.

Cevapcici

Serbische Bratröllchen
aufwendiger, fettarm

Zubereitungszeit: 60 Minuten

Ein Stück enthält:
63 kcal, 2 g E, 2 g F, 8 g K, 2 g B

Zutaten für 12 Stück

1 EL Olivenöl

1 große Zwiebel (klein gewürfelt)

3 Knoblauchzehen (zerdrückt)

100 g feiner Grünkernschrot

200 ml Gemüsebrühe

20 g Speisestärke, verrührt mit 2 EL Wasser

80–100 g Vollkorntoast (ungetoastet, fein zerbröselt)

2 TL Paprikapulver edelsüß

1 TL Sambal Oelek

1 TL Senf

½ TL Salz

½ TL getrockneter Majoran

½ TL getrockneter Thymian

¼ TL schwarzer Pfeffer

Backpapier

Zubereitung

1 Zwiebel und Knoblauch im Öl anschwitzen, dann den Schrot kurz mitschwitzen, mit der Brühe ablöschen und kurz aufkochen. Den Topf schließen, vom Herd nehmen und den Schrot 15 Minuten weiter ausquellen und dann abkühlen lassen.

2 Die restlichen Zutaten untermengen und erneut 15 Minuten quellen lassen.

3 Mit nassen Händen kleine Rollen formen, die Enden abflachen und auf ein mit Backpapier ausgelegtes Backblech legen. Ca. 15 Minuten bei 200 °C Heißluft (nicht vorgeheizt) backen.

VEGANE ALTERNATIVE

Sambal Oelek kann durch folgende Gewürzkombination ersetzt werden: 2 Peperoncini (entkernt, klein geschnitten und zerdrückt) + 1 TL Paprikapulver edelsüß + 1 gestrichener TL rosenscharfes Paprikapulver + ½ TL scharfes Paprikapulver.

Tofuburger

einfach, fettreich

Zubereitungszeit: 30 Minuten

Eine Portion enthält:
531 kcal, 18 g E, 41 g F, 51 g K, 6 g B

Zutaten für 4 Stück

1 Tütchen Salatfix vegan

3 EL Olivenöl oder Leinöl

1 Knoblauchzehe (zerdrückt)

300 g Möhren (grob geraspelt)

100 g Zucchini (grob geraspelt)

50 ml Sojasahne

1 TL Senf

175 g geräucherter Tofu (in 4 Scheiben)

50 g Paniermehl

50 g Palmin

4 Hamburger-Brötchen (300 g)

Zubereitung

1 Aus Salatfix, Knoblauch, Öl und 3 EL Wasser ein Dressing zubereiten. Mit Möhren und Zucchini mischen.

2 Sojasahne und Senf mischen, die Tofuscheiben erst hierin und dann im Paniermehl wenden, den Vorgang wiederholen und die Scheiben dann auf beiden Seiten in Palmin braten.

3 Die Brötchen aufschneiden, im Backofen oder auf dem Toaster aufbacken, mit dem Salat und dem Tofu belegen und zuklappen.

TIPP

Die gebratenen Tofuscheiben schmecken auch kalt.

AUF DIE SCHNELLE

Fertigen veganen Farmer- oder Weißkohlsalat und unpanierten geräucherten Tofu oder veganen Leberkäse verwenden.

Tofubratlinge
aufwendiger, fettmoderat

Zubereitungszeit: 60 Minuten

Ein Stück enthält:
90 kcal, 6 g E, 7 g F, 8 g K, 1 g B

Zutaten für 8 Stück

2 EL Olivenöl

1 Zwiebel (klein gewürfelt)

1 Knoblauchzehe (zerdrückt)

220–250 g frische Champignons (klein geschnitten)

250 g Naturtofu oder geräucherter Tofu (daumendicke Würfel)

40 g Speisestärke, verrührt mit 4 EL Wasser

2 TL Senf, 1 TL Salz, ¼ TL schwarzer Pfeffer

2 EL TK-Petersilie

80 g Paniermehl

Backpapier

1 EL Margarine für die Pfanne

Zubereitung

1 Zwiebel, Knoblauch und Pilze im Öl anschwitzen. Topf vom Herd nehmen, übrige Zutaten bis Paniermehl zugeben und mit einem Kartoffelstampfer zerstampfen.
2 Mit nassen Händen oder dem Eisportionierer 8 Burger formen, auf ein mit Backpapier ausgelegtes Backblech setzen und etwas flach drücken. Ca. 25 Minuten bei 200 °C Heißluft (nicht vorgeheizt) backen, danach in der Margarine kross braten.

Gemüseschnitzel
aufwendiger, fettmoderat

Zubereitungszeit: 20 Minuten

Ein Stück enthält:
109 kcal, 5 g E, 6 g F, 10 g K, 1 g B

Zutaten für 4 Stück

400 g Kohlrabi

¼ TL Salz

40 g Paniermehl

50 ml Sojasahne

30 g Margarine (2 EL)

Zubereitung

1 Kohlrabi in knapp 1 cm dicke Scheiben schneiden und in wenig Wasser im geschlossenen Topf bissfest dämpfen, dann abtropfen lassen.
2 Paniermehl und Salz vermischen. Die Scheiben erst in der Sojasahne, danach im Paniermehl wenden, anschließend in der Margarine auf beiden Seiten goldbraun braten.

VEGANE ALTERNATIVEN

Die Gemüseschnitzel schmecken auch mit Sellerie oder Steckrübe sehr gut.
Die Margarine können Sie durch Sesamöl (aus geröstetem Sesam) ersetzen.
Eine Alternative für Paniermehl ist Kurkumapanade: 50 g helles Mehl, 1 gestrichener TL Kurkuma, ½ TL Salz.

Quinoabratlinge
aufwendiger, fettarm

Zubereitungszeit: 50 Minuten

Ein Stück enthält:
71 kcal, 4 g E, 4 g F, 6 g K, 1 g B

Zutaten für 12 Stück

250 ml Gemüsebrühe

100 g Quinoa

1 kleine Zwiebel (klein gewürfelt)

1 kleine Möhre (grob geraspelt)

1 EL Olivenöl

25 g TK-Petersilie

100 g Naturtofu (klein geschnitten und mit 60 ml Sojasahne zerstampft)

20 g Speisestärke, verrührt mit 2 EL Wasser

½ TL Jodsalz

Backpapier

Zubereitung

1 Gemüsebrühe in einem Topf aufkochen, Quinoa hineingeben und im geschlossenen Topf auf kleinster Stufe 15 Minuten köcheln, dann auf ausgeschalteter Herdplatte ausquellen lassen.

2 Zwiebel und Möhre im Öl anschwitzen, danach gut mit dem Quinoa verrühren und etwas abkühlen lassen. Übrige Zutaten unterrühren, mit nassen Händen oder mit einem Eisportionierer 12 Portionen formen, auf ein mit Backpapier ausgelegtes Backblech setzen, etwas flach drücken und ca. 25 Minuten bei 200 °C Heißluft (nicht vorgeheizt) backen.

Quinoatomaten

12 große, reife Tomaten aushöhlen, mit der ungebackenen Quinoamasse füllen und in eine gefettete Auflaufform setzen. 20 g geriebenen veganen Käse über die Füllungen streuen, 100 ml Wasser um die Tomaten gießen und ca. 25 Minuten bei 200 °C Heißluft backen. Dazu schmeckt Vollkornbrot mit Margarine.

TIPP

Quinoatomaten schmecken auch kalt.

SOSSEN UND DIPS

Joghurtdressing
einfach, fettarm

Zubereitungszeit: 5 Minuten

100 g enthalten:
164 kcal, 3 g E, 16 g F, 2 g K, < 1 g B

Zutaten für 140 g

100 g Sojajoghurt natur

2 EL Öl

1 EL Kräuteressig

½ TL Salz, ¼ TL Pfeffer

2 EL Kräuter

1 TL Senf oder ½ TL Curry oder 2 TL Ketchup

Zubereitung
Alle Zutaten gut vermischen.

TIPPS

Achten Sie darauf, dass dem Sojajoghurt kein Zucker und kein Aroma zugesetzt ist. Geeignet ist z. B. Sojade aus dem Reformhaus oder Bioladen.

VEGANE ALTERNATIVE

Beim Öl haben Sie freie Wahl: Rapsöl bzw. Leinöl für die Extraportion Omega-3-Fettsäuren oder Olivenöl für den mediterranen Geschmack.

Salatcreme
einfach, fettarm

Zubereitungszeit: 30 Minuten

100 g enthalten:
170 kcal, 2 g E, 17 g F, 2 g K, 1 g B

Zutaten für 200 g

200 ml Sojasahne

3 g Bindobin

1 TL Senf

½ TL Salz

¼ TL schwarzer Pfeffer

Zubereitung
Die Zutaten mit einem Schneebesen verschlagen und noch ca. 30 Minuten zum Andicken stehen lassen.

TIPP

Tauschen Sie die Sojasahne nicht aus, da ihr Lezithin mit für die Bindung benötigt wird.

Mayonnaise

einfach, fettreich

Zubereitungszeit: 10 Minuten plus Kühlzeit

100 g enthalten:
545 kcal, 1 g E, 60 g F, 1 g K, < 1 g B

Zutaten für 280 g

20 g Speisestärke (2 gute EL)

100 ml Sojasahne

1 EL Senf

2 EL Essig oder Zitronensaft

¼ TL Salz

150 ml Rapsöl

Zubereitung

1 Zunächst Stärke und 2 EL Wasser in einer Schüssel sämig rühren, dann Zutaten bis Salz unterrühren. Das Rapsöl sehr langsam unter beständigem Mixen mit einem Mixgerät (kleine Stufe) zugeben.

2 Die Mayonnaise in ein Schraubglas füllen und einige Stunden in den Kühlschrank stellen.

TIPPS

Tauschen Sie die Sojasahne nicht aus, da ihr Lezithin mit für die Bindung benötigt wird. Alle Mengen genau abmessen. Die Zutaten müssen Raumtemperatur haben.

Aioli

Französische Knoblauchmayonnaise

Rapsöl durch Olivenöl ersetzen und noch 2 zerdrückte Knoblauchzehen zufügen.

Senfcreme

Stärke und Wasser weglassen.

TIPP

Ein Öl-Essig-Dressing finden Sie auf S. 79, ein Senfdressing auf S. 78.

Grüne Soße
einfach, fettarm

Zubereitungszeit: 15 Minuten

100 g enthalten:
200 kcal, 4 g E, 19 g F, 3 g K, 2 g B

Zutaten für 300 g
125 g Sojasahne

3 EL Rapsöl oder Leinöl

3 TL Kräuteressig

½ TL Salz, ¼ TL schwarzer Pfeffer

1 kleine Gewürzgurke (10 g, fein geschnitten)

25 g TK-Petersilie

25 g TK-Schnittlauch

25 g TK-8-Kräuter

eventuell 1 g Bindobin

Zubereitung
Alle Zutaten gut vermischen.

TIPP

Dazu passen Pellkartoffeln und Tomatenscheiben oder gedämpfter Spargel.

Salsa verde
Pikante italienische grüne Soße

Rapsöl durch Olivenöl, Gurke durch 10 Kapern (klein geschnitten), Schnittlauch durch Basilikum ersetzen und 1 zerdrückte Knoblauchzehe zufügen.

Tsatsiki
einfach, fettarm

Zubereitungszeit: 20 Minuten

100 g enthalten:
112 kcal, 3 g E, 10 g F, 2 g KH, < 1 g B

Zutaten für 350 g
200 ml Sojasahne

1 EL Kräuteressig

2 g Bindobin

½ Zwiebel (gewürfelt)

2 Knoblauchzehen (zerdrückt)

½ TL Salz

¼ TL Pfeffer

100 g Salatgurke (grob geraspelt)

Zubereitung
Sojasahne, Essig und Bindobin verrühren, 15 Minuten quellen lassen, dann die restlichen Zutaten unterrühren.

Pestodip
Salatgurke durch 3 EL Pesto ersetzen.

Radieschendip
Gurke durch Radieschen ersetzen.

Leinöldip
Salatgurke durch 3 EL Leinöl, ¼ TL Muskat und 50 g Petersilie oder Kresse ersetzen.

Tapenade

Französischer Olivendip
einfach, fettreich

Zubereitungszeit: 15 Minuten

100 g enthalten:
440 kcal, 2 g E, 43 g F, 12 g K, 4 g B

Zutaten für 250 g

170 g schwarze Oliven (entsteint)

20 g Kapern

2 EL Pinienkerne oder Mandeln

40 g Tomatenmark

1 TL Thymian

½ TL Salz

4 EL Olivenöl

2 EL Zitronensaft oder weißer Balsamicoessig

Zubereitung

Oliven und Kapern hacken, dann mit den restlichen Zutaten mischen. 2 Tage im Kühlschrank ziehen lassen. Wer möchte, kann die Tapenade auch noch pürieren.

Fingerfood

Niedrige Trinkgläser zu $1/3$ mit Dip füllen und 10–12 längere Streifen von Salatgurke, Möhre, Paprika, Kohlrabi hineinstellen.

Relish provençale

Französische kalte Grillsoße
aufwendiger, fettarm

Zubereitungszeit: 30 Minuten

100 g enthalten:
88 kcal, 1 g E, < 1 g F, 21 g K, 1 g B

Zutaten für 670 g

je 50 g rote, grüne und gelbe Paprika (klein gewürfelt)

150 g Tomaten (klein gewürfelt)

100 g Aubergine (klein gewürfelt)

100 g Zucchini (klein gewürfelt)

2 Knoblauchzehen (zerdrückt)

1 TL Tomatenmark

5 TL Weißweinessig

1 TL Salz

1 gestr. TL getrockneter Thymian

1 Prise Cayennepfeffer

125 g Extra-Gelierzucker

Zubereitung

Alle Zutaten unter Rühren 5 Minuten köcheln, dann in Schraubgläser füllen.

Pesto grün
aufwendiger, fettreich

Zubereitungszeit: 10 Minuten

100 g enthalten:
610 kcal, 11 g E, 60 g F, 6 g K, 3 g B

Zutaten für 250 g

100 g gemahlene Nüsse/Kerne (Erdnuss-, Walnuss-, Cashew- oder Pinienkerne, Mandeln)

100 ml Olivenöl

2 Knoblauchzehen (zerdrückt)

50 g Kräuter (Dill, Basilikum, Petersilie, junger Giersch, Rucola)

½ TL Salz

Olivenöl zum Bedecken

Zubereitung

Zutaten bis Salz mischen bzw. pürieren. Pesto in ein Schraubglas füllen, mit 1 cm Olivenöl bedecken und im Kühlschrank aufbewahren (bis 1 Woche haltbar).

Pasta mit Pesto
500 g Pasta kochen und abtropfen lassen, dabei 100 ml Kochwasser auffangen. Nudelkochwasser in den noch warmen Kochtopf zurückgeben, erst mit einem Schneebesen das Pesto unterrühren, dann die Nudeln unterheben. Sofort servieren.

Pesto rot
Pesto rosso, italienisch
aufwendiger, fettreich

Zubereitungszeit: 15 Minuten

100 g enthalten:
475 kcal, 10 g E, 43 g F, 10 g K, < 1 g B

Zutaten für 250 g

60 g Pinien- oder Cashewkerne

100 g getrocknete, in Öl eingelegte Tomaten (aus dem Glas, abgetropft)

60 ml Olivenöl

1 EL Tomatenmark

2 Knoblauchzehen (zerdrückt)

1 Peperoncini (entkernt, klein geschnitten)

½ TL Salz

Zubereitung

Die Pinienkerne rösten und dann mahlen. Alle Zutaten zusammen pürieren. Das Pesto in ein Schraubglas füllen und im Kühlschrank aufbewahren (bis 1–2 Wochen).

TIPP

Pasta mit Pesto rosso wird genauso zubereitet wie Pasta mit Pesto (links).

Mandelsoße
einfach, fettarm

Zubereitungszeit: 10 Minuten

Eine Portion enthält:
63 kcal, 2 g E, 5 g F, 5 g K, 1 g B

Zutaten für 5 Personen

200 ml Orangensaft

50 ml Sojasahne

2 gehäufte EL gemahlene Mandeln (20 g)

1 Knoblauchzehe (zerdrückt)

2 TL Gemüsebrühpulver

½ TL Kumin (Kreuzkümmel)

¼ TL scharfes Paprikapulver

4 g Bindobin

Zubereitung
Alle Zutaten zusammen mit 250 ml Wasser mit einem Schneebesen verrühren und kurz aufkochen lassen.

Helle Soße
einfach, fettarm

Zubereitungszeit: 10 Minuten

Eine Portion enthält:
47 kcal, 1 g E, 4 g F, 1 g K, 1 g B

Zutaten für 4 Personen

100 ml Sojasahne

2 TL Gemüsebrühpulver

3 g Bindobin

Zubereitung
Alle Zutaten mit 400 ml Wasser gut mit einem Schneebesen verrühren und unter Rühren einige Minuten köcheln.

Dunkle Soße
2 EL würzige Sojasoße, 2 EL süße Sojasoße und 1–2 EL Maggi mitköcheln. Den Topf vom Herd nehmen und 2 EL Kräuteressig unterrühren.

Safransoße
0,1 g Safran mitköcheln.

Senfsoße
Zum Schluss 40 g Senf und 2 EL Schnittlauch kurz mitköcheln.

Tomatensoße
einfach, fettarm

Zubereitungszeit: 10 Minuten

Eine Portion enthält:
105 kcal, 3 g E, 5 g F, 11 g K, 2 g B

Zutaten für 4 Personen

1 Tetrapak Tomatenpüree (500 g) oder
1 Dose Pizzatomaten (400 g)

100 ml Sojasahne

100 g Ketchup

2 TL Gemüsebrühpulver

1 TL getrockneter Oregano

1 TL getrockneter Majoran

Zubereitung

Alle Zutaten mit einem Schneebesen gut mischen und einige Minuten im offenen Topf köcheln.

VEGANE ALTERNATIVEN

Soll die Soße dicklicher sein, dann die Pizzatomaten pürieren bzw. 2 g Bindobin mitköcheln.
Haben Sie kein Tomatenpüree und auch keine Pizzatomaten im Haus? Dann nehmen Sie 300 ml Wasser und 100 g Tomatenmark. Der Zucker des Ketchups dient hier als Gegenpol zur Säure der Tomaten. Ist Ihnen die Soße noch zu säuerlich, geben Sie noch ca. 50 ml Sojasahne zu.

Penne all'arrabiata
In der Soße noch 1–2 zerdrückte Knoblauchzehen und 1 entkernte und fein gewürfelte rote Chilischote (geputzt 10 g) mitköcheln. 500 g Penne (schräge Röhrennudeln) kochen, abtropfen und noch heiß mit der Soße und mit 4 EL Olivenöl mischen.

Spaghetti bolognese
Zum Schluss 5 EL Sojagranulat oder Süßlupinenschrot (30 g) in die Soße rühren und kurz mitköcheln. 500 g Spaghetti kochen, abtropfen und getrennt zur Soße servieren.

DESSERTS

Smoothie
einfach, fettarm

Zubereitungszeit: 5 Minuten

Ein Drink enthält:
157 kcal, 4 g E, 7 g F, 17 g K, 3 g B

Zutaten für 1 Drink

100 ml veganer Drink

1 TL Leinöl

1 TL Puderzucker

1 TL Zitronensaft

100 g Obst

Zubereitung
Alle Zutaten gut pürieren.

VEGANE ALTERNATIVEN

Variieren Sie mit Soja-Vanille, Reis-Kokos, halb Haferdrink und halb Kokoscreme, Banane, Erdbeere, Himbeere, Kiwi oder Pfirsich.

Kokosreis
einfach, fettarm

Zubereitungszeit: 1 Stunde

Eine Portion enthält:
304 kcal, 3 g E, 2 g F, 66 g K, 2 g B

Zutaten für 1 Portion

200 ml Reis-Kokos-Drink

40 g Milchreiskörner

10 g Zucker (1 EL)

50 ml Reis-Kokos-Drink

Zubereitung
1   Die Zutaten bis Zucker in einen großen Topf geben (schäumt leicht über), aufkochen und 30 Minuten im geschlossenen Topf auf kleinster Stufe köcheln lassen, zwischendurch umrühren.
2   In eine Schale füllen und weitere 50 ml Drink unterrühren. Ca. 30 Minuten abkühlen lassen.

VEGANES EXTRA

Am Tisch mit Zimtzucker bestreuen (1 EL Zucker vermischt mit ½ TL Zimtpulver).

Rote Grütze

einfach, fettarm

Zubereitungszeit: 20 Minuten
Kühlzeit: 3 Stunden

Eine Portion enthält:
338 kcal, 3 g E, 1 g F, 33 g K, 9 g B

Zutaten für 4 Personen

600–750 g frische rote Beeren (oder
TK-Ware)

250 ml Weißwein (oder Apfelsaft)

50 g Zucker

3 gestrichene EL Speisestärke

Zubereitung

Die Hälfte der Früchte mit Wein, Zucker und Stärke pürieren und dann köcheln, bis sie angedickt sind. Die restlichen Früchte unterrühren und die Grütze für ca. 3 Stunden kalt stellen.

VEGANES EXTRA

Portionsweise mit Amarant- oder Quinoapopcorn bestreuen.
Dazu passt Soja-Vanille-Joghurt oder eine Vanillesoße, angerührt mit veganem Fixprodukt.

VEGANE ALTERNATIVE

Sie können die Grütze natürlich auch aus nur einer Obstsorte kochen (z. B. Himbeere, Kirsche, Pflaume, Heidelbeere).

Bananencreme

einfach, fettmoderat

Zubereitungszeit: 5 Minuten

Eine Portion enthält:
366 kcal, 13 g E, 16 g F, 43 g K, 7 g B

Zutaten für 1 Portion

100 g Banane (geschält gewogen)

1 EL Zitronensaft

200 g Vanille-Sojajoghurt

20 g Grissini (italienische Gebäckstangen)
oder vegane Kekse

1 EL Mandeln (gehackt oder gehobelt) oder
Knuspermüsli (S. 62)

Zubereitung

1 Die Banane klein schneiden, mit dem Zitronensaft beträufeln, den Sojajoghurt zugeben und alles mit einem Kartoffelstampfer zermusen.

2 Die Grissini oder Kekse grob bröseln. In ein breites Trinkglas erst die Hälfte der Bananencreme, dann die Keksbrösel, dann die restliche Creme schichten und zuletzt mit den Mandeln bestreuen.

3 Gut gekühlt servieren.

Gebackene Apfelringe

aufwendiger, fettreich

Zubereitungszeit: 15 Minuten

Eine Portion enthält:
390 kcal, 3 g E, 30 g F, 26 g K, 3 g B

Zutaten für 2 Personen

50 g Mehl

50 ml Sojasahne

2 EL Mineralwasser

150 g Bio-Apfel

2 EL Zitronensaft

5 EL Rapsöl oder Kakaobutter

Zubereitung

1 Mehl, Sojasahne und Mineralwasser verschlagen und den Teig 10 Minuten ruhen lassen. Kerngehäuse des Apfels mit einem Apfelausstecher entfernen, den Apfel (mit Schale) in Scheiben schneiden und diese in Zitronensaft wenden.

2 Die Apfelringe durch den Teig ziehen und im heißen Öl von beiden Seiten knusprig braten.

TIPP

Die fertigen Ringe mit Zimtzucker (1 EL Zucker vermischt mit ½ TL Zimtpulver) bestreuen. Dazu passt veganes Vanilleeis.

Applecrisp

aufwendiger, fettreich

Zubereitungszeit: 45 Minuten

Eine Portion enthält:
486 kcal, 3 g E, 32 g F, 47 g K, 4 g B

Zutaten für 4 Personen

3 Äpfel (400–500 g, mit Schale, in Scheiben)

1 leicht gehäufter EL Mehl

50 g Zucker

1 TL Zimtpulver

1 TL Kardamompulver

1 TL Pimentpulver

¼ TL Citroback

150 g Margarine

50 g Zucker

50 g kernige Haferflocken

Zubereitung

1 Zutaten von Äpfel bis Citroback und 2 EL Wasser mischen und in eine gefettete flache Form geben.

2 Die Margarine schmelzen, mit Zucker und Haferflocken verrühren und auf den Äpfeln verteilen. Ca. 30 Minuten bei 180 °C Heißluft backen und heiß servieren.

TIPP

Servieren Sie dazu einen Vanillekaffee: 500 ml Vanille-Soja-Drink erhitzen, 100 ml heißen Espresso zugeben.

Linzer Torte
aufwendiger, fettreich

Zubereitungszeit: 1,5 Stunden

Ein Stück enthält:
531 kcal, 5 g E, 30 g F, 60 g K, 2 g B

Zutaten für 1 Springform (12 Stück)

250 g Zucker

250 g Margarine

250 g Weizenmehl Type 405 oder Dinkelmehl
Type 630

250 g gemahlene Haselnüsse

2 EL Speisestärke, verrührt mit 2 EL Wasser

1 gestr. TL Backpulver

1 EL Zimtpulver, ¼ TL Nelkenpulver

1 EL Kakaopulver, schwach entölt

2 EL Kirschwasser

Fett für die Form

400 g Himbeermarmelade

Zubereitung

1 Zutaten von Zucker bis Kirschwasser der Reihe nach verrühren, ¾ dieses Teiges in eine gefettete Springform drücken und einen kleinen Rand hochziehen. Die Himbeermarmelade auf dem Teig verteilen. Den Teigrest auf etwas Mehl ausrollen, in Streifen schneiden oder Sterne ausstechen und die Torte damit belegen.

2 Die Torte 45–60 Minuten bei 180 °C (Ober- und Unterhitze, mittlere Ebene, vorgeheizt) backen.

Apfeltorte
Den Teig mit 50 g Aprikosenmarmelade (statt Himbeermarmelade) bestreichen, Apfelspalten darauflegen und diese mit weiteren 50 g Aprikosenmarmelade bestreichen.

Käsetorte
200 g Seidentofu 10 Minuten in einem Sieb abtropfen lassen, dann mit 100 g Naturtofu, 5 P. Vanillezucker (40 g), 60 g geschmolzener Margarine, 20 g Stärke und ½ Bio-Zitrone (Zesten und Saft) gut pürieren und auf die Marmelade streichen. 60–80 Minuten backen.

Nusstorte
Im Teigrezept die gemahlenen Haselnüsse durch gemahlene Mandeln ersetzen. Himbeermarmelade durch 100 g Aprikosenmarmelade ersetzen. 100 g Margarine schmelzen, mit 100 g Zucker, 1 P. Vanillezucker, 2 EL Wasser und 1 TL Zitronensaft aufkochen, 100 g gehackte Haselnüsse und 100 g gehackte Mandeln unterrühren. Diese Nussmasse auf die Torte streichen, dann backen.

Schokomuffins
einfach, fettmoderat

Zubereitungszeit: ca. 40 Minuten

Ein Stück enthält:
250 kcal, 4 g E, 9 g F, 39 g K, 2 g B

Zutaten für 12 Stück

300 g Weizenmehl Type 405 oder Dinkelmehl Type 630

250 g brauner Zucker

80 g Kakaopulver schwach entölt

1 P. Backpulver

80 ml Rapsöl

1 Muffinblechform

12 Papiermuffinförmchen

Zubereitung

1 Den Backofen auf 170 °C Ober- und Unterhitze vorheizen. Zutaten von Mehl bis Backpulver mischen, 380 ml Wasser und Öl zugeben und mit einem Schneebesen glatt rühren.

2 Die Papierförmchen in die Muffinform legen und randvoll mit dem flüssigen Teig befüllen. Ca. 25 Minuten auf mittlerer Ebene backen.

TIPPS

Den Boden der Papierförmchen mit Knuspermüsli (S. 62) ausstreuen. Die Muffins vor dem Servieren mit Puderzucker bestäuben.
Dazu passt Pfefferminztee.

Pannacotta
Italienische „gekochte Sahne"
einfach, fettarm

Zubereitungszeit: 15 Minuten plus Kühlzeit

Eine Portion enthält:
117 kcal, 1 g E, 7 g F, 12 g K, < 1 g B

Zutaten für 4 Souffléförmchen

250 ml Sojasahne

20 g Zucker, Mark von ½ Vanilleschote

1 g Agar (½ gestr. TL oder 1 Bindobin-Messlöffel)

Zubereitung

1 Zutaten mischen (dabei Dosier- und Zubereitungsanleitung Ihres Agarprodukts beachten) und unter beständigem Rühren zwei Minuten leise köcheln.

2 Die Förmchen kalt ausspülen und die Masse hineinfüllen. Im Kühlschrank mindestens 1 Stunde fest werden lassen. Förmchen vor dem Servieren kurz in heißes Wasser tauchen und den Inhalt dann auf Dessertteller stürzen (falls nötig vorher mit einem Messer lösen).

TIPP

Servieren Sie Pannacotta auf einem Beerenspiegel: 200 g Preiselbeer- oder Cranberrykompott mit 4 EL Orangensaft und ¼ TL Zimtpulver mischen und 24 Stunden kühlen.

SPECIAL: VEGAN FEIERN – GENUSS IN ALLEN LEBENSLAGEN

Auch Veganer verstehen zu feiern und zu genießen – ob beim festlichen Candlelight-Dinner oder am zünftigen Lagerfeuer. Vegane Speisen schmecken ursprünglich und ehrlich und überzeugen auch Fleischesser! Hier finden Sie Vorschläge für diverse Anlässe. *Kursiv gedruckte Gerichte können Sie bereits am Vortag zubereiten!*

Candlelight Dinner	2 Personen	Bunter Feldsalat S. 79 + Fenchelpakete S. 124 + 2 x Kokosreis S. 147 ODER Bruschetta S. 77 + Wokgemüse S. 128 + *Käsetorte* S. 152
Festliches Menü	6 Personen	Wodkanudeln S. 99 + *2 x Mittelmeergemüse* S. 116 + 2 x Applecrisp S. 150 ODER Fenchelcremesuppe S. 90 + 2 x Penne mit Pfiff S. 100 + *2 x Rote Grütze* S. 148 ODER 2 x Gnocchi S. 98 + Minestrone S. 95 + Nusstorte S. 152
Kindergeburtstag	8 Personen	8 x Smoothie S. 147 + *Nuss- oder Apfeltorte* S. 152 + 2 x Spaghetti Bolognese S. 146 + 8 x Bananencreme S. 148
Brunch	8 Personen	*2 x Frischkornbrei* S. 64, *Tofu-Gemüse-Aufstrich* S. 74, *Linsencreme* S. 71, *1 Schwarzbrot* S. 68, 12 Fitmacherbrötchen S. 66, 12 Zwiebelbrötchen S. 66, Margarine, Marmelade, *Karamelcreme* S. 69, Wilmersburger Käsescheiben, 3 x Grünkernsuppe S. 86, Obstteller, Rohkostteller
Party	15 Personen	15 x Fingerfood S. 143 + 4 x Bunter Bohnentopf S. 84 + 4 x Fladenbrot S. 67
Grillen	10 Personen	*Rote Bete-Salat* S. 80, *Bunter Nudelsalat* S. 99 , *Kretasalat* S. 82, *Cevapcici* S. 135 , *Linsadellen* S. 132, *Grünkernlinge* S. 131, *Relish provençale* S. 143 , *Tsatsiki* S. 142, *Senfcreme* S. 141, *Grüne Soße* S. 142, Ciabatta S. 66
Lagerfeuer	10 Personen	5 x Pfannenbrot S. 69 + 5 x Bohnenschale S. 122 ODER 2 x Stockbrotteig S. 67 + 2 x Schnippelbohnentopf S. 89

ANHANG

Wichtige Adressen

foodwatch
Brunnenstraße 181
10119 Berlin
Telefon 030 2404760
info@foodwatch.de
www.foodwatch.de

Vegane Gesellschaft Deutschland e. V.
Marienstraße 19/20
10117 Berlin
Telefon 040 209321033
info@vegane-gesellschaft.org
www.vegane-gesellschaft.org

Vegetarierbund Deutschland e. V. (VEBU)
Genthiner Straße 48
10785 Berlin
030 290282530
info@vebu.de
www.vebu.de

Vegane Gesellschaft Schweiz (VGS)
CH-4000 Basel
info@vegan.ch
www.vegan.ch

Dr. med. Henrich ProVegan Stiftung
Hauptstrasse 72
CH-8280 Kreuzlingen
info@provegan.info
www.provegan.info

www.vitalstoff-lexikon.de
DocMedicus Verlag GmbH & Co. KG
Hannoverschestr. 24
31848 Bad Münder
Telefon 05042 940245
info@docmedicusverlag.de
www.docmedicusverlag.de

Lesetipps

Karen Duve: Anständig essen. Galiani Verlag 2011

Jonathan Safran Foer: Tiere essen. Kiepenheuer und Witsch Verlag 2009

Gunther Hirschfelder: Europäische Esskultur. Campus Verlag 2001

Claus Leitzmann, Andreas Hahn: Vegetarische Ernährung. Ulmer UTB 2010

Sigrid Steeb: Vegetarisch. Gesund. Schlütersche Verlagsgesellschaft 2011
Mit den Rezepten in diesem Buch ergänzen Sie Ihr veganes Repertoire auf perfekte Weise. Außerdem finden Sie hier ein erprobtes Rezept für Ihr tägliches Brot (Sauerteigbrot).

Sigrid Steeb: Vitalfasten. Schlütersche Verlagsgesellschaft 2009
Die Rezepte in diesem Buch ermöglichen über ein Teilfasten einen idealen Einstieg in eine vegetarische oder vegane Ernährung. Veganer ersetzen den Kefir (einzig vorkommendes tierisches Produkt) durch Soja-, Hafer-, Mandel- oder Reisdrink.

Sigrid Steeb: Lebensmittelunverträglichkeiten. So testen Sie sich selbst. Schlütersche Verlagsgesellschaft 2012

Rezeptregister

(e) = einfach
(a) = aufwendig

Bibliografische Information der Deutschen Nationalbibliothek
Die Deutsche Nationalbibliothek verzeichnet diese Publikation in der
deutschen Nationalbibliografie; detaillierte bibliografische Daten sind im
Internet über http://dnb.ddb.de/ abrufbar.

ISBN 978-3-89993-863-0 (Print)
ISBN 978-3-8426-8610-6 (PDF)
ISBN 978-3-8426-8625-0 (ePUB)

Für Kalle und Fritzi

Fotos:
Titelfoto: Olena Gorbenko delicious food – gettyimages
123rf.com: Lukáš Gojda: 2/3, 6/7; handmadepictures: 39; Yana Gayvoronskaya: 40/41;
Olga Vasileva: 43; daphoto: 60; Robert Anthony: 71; Corinna Gissemann: 109;
Tagstock Japan: 119; Elena Elisseeva: 126; Peter Zijlstra: 132; Tatjana Baibakova: 160
Fotolia.com: Kesu: 1; Tobias Arhelger: 4; Omid Mahdawi: 14; DPimborough: 69;
Sarsmis: 76; Lilyana Vynogradova: 95, 97; Eva Gruendemann: 101, 134;
AgathaLemon: 110
iStockphoto.com: MR.SURAKIT HARNTONGKUL: 21; Floortje: 36; Chris Slapp: 61
Ingo Wandmacher: 58/59, 63, 75, 81, 85, 93, 105, 113, 117, 121, 137, 149, 151, 153

© 2015 Schlütersche Verlagsgesellschaft mbH & Co. KG
Hans-Böckler-Allee 7, 30173 Hannover
www.schluetersche.de

Wichtige Hinweise
Wie jede Wissenschaft ist die Ernährungsmedizin ständigen Entwicklungen unter-
worfen. Forschung und klinische Erfahrung erweitern unsere Erkenntnisse. Der Leser
darf darauf vertrauen, dass die Autorin große Sorgfalt bezüglich der Angabe von Dosierungen und Applikationen verwandt hat und dass diese Angaben dem Wissens-
stand bei Fertigstellung des Werkes entsprechen. Für Angaben zu Dosierungen und
Applikationen kann von Verlag und Autorin jedoch keine Gewähr übernommen
werden. Jeder Benutzer ist angehalten, durch sorgfältige Prüfung der Beipackzettel
der verwendeten Präparate und gegebenenfalls durch Konsultation eines Spezialisten
festzustellen, ob die dort gegebene Empfehlung für Dosierungen oder die Beachtung
von Kontraindikationen von der Angabe in diesem Buch abweicht.

Lektorat: Angelika Lenz, Steinheim an der Murr
Layout: Groothuis, Lohfert, Consorten, Hamburg
Covergestaltung: Kerker + Baum Büro für Gestaltung, Hannover
Satz: Die Feder, Konzeption vor dem Druck GmbH, Wetzlar
Druck und Bindung: Grafisches Centrum Cuno GmbH & Co. KG, Calbe